Viktor E. Frankl
Was nicht in meinen Büchern steht

Frankl 1954 nach einem Ölgemälde von Florian Jakowitsch

Viktor E. Frankl

Was nicht in meinen Büchern steht

Lebenserinnerungen

2. Auflage

Quintessenz

Lektorat: Dipl.-Psych. Martina Gast-Gampe

Die Deutsche Bibliothek – CIP-Einheitsaufnahme

Frankl, Viktor E.:
Was nicht in meinen Büchern steht : Lebenserinnerungen /
Viktor E. Frankl. – 2., durchges. Aufl. – München : Quintessenz
MMV Medizin-Verlag, 1995
ISBN 3-86128-358-1

Dieses Werk ist urheberrechtlich geschützt. Jede Verwertung außerhalb der engen Grenzen des Urheberrechtsgesetzes ist ohne Zustimmung des Verlages unzulässig und strafbar. Das gilt insbesondere für Vervielfältigungen, Übersetzungen, Mikroverfilmungen und die Einspeicherung und Verarbeitung in elektronischen Systemen.

© 1995 by Quintessenz,
MMV Medizin Verlag GmbH, München
2., durchgesehene Auflage
Herstellung: Christa Neukirchinger, München
Satz: Stefan Granzow, München
Druck und Bindung: Wiener Verlag, Himberg
Printed in Austria

ISBN 3-86128-358-1

Vorbemerkung

Zeuge des 20. Jahrhunderts, Begründer einer eigenen psychotherapeutischen Richtung und Symbol für das Unfaßbare: das Überleben in den Konzentrationslagern der Nationalsozialisten – all das ist Viktor E. Frankl. 1905 in Wien geboren, schaut Viktor E. Frankl auf fast ein ganzes Jahrhundert zurück, das er miterlebt, miterlitten und – durch sein Lebenswerk – mitgestaltet hat.

Anläßlich seines 90. Geburtstages am 26. März 1995 legen wir nun seine Lebenserinnerungen vor. Ursprünglich nicht für eine Veröffentlichung bestimmt, hat Viktor E. Frankl Episoden aus seinem Leben bereits vor Jahren niedergeschrieben. Nachdem von ihm ansonsten fast ausschließlich wissenschaftliche Schriften vorliegen, hat er sich nun aber entschlossen, als 31. Buch ein persönliches Werk herauszugeben, das Begegnungen und Begebenheiten aus seinem Leben enthält. Der assoziative Charakter dieser Lebenserinnerungen wurde bewußt beibehalten, sodaß ein lebendiges Bild einer der ganz großen Persönlichkeiten der Geistesgeschichte dieses Jahrhunderts entworfen wird.

Das Buch entstand in enger Zusammenarbeit mit dem Verlag. Viktor E. Frankl hat trotz seines hohen Alters und ungeachtet gesundheitlicher Probleme mit unverminderter Kraft und Engagement an diesem Buch gearbeitet, wodurch es gelungen ist, es zu seinem 90. Geburtstag fertigzustellen.

Zu danken ist in diesem Zusammenhang in erster Linie seiner Frau Elli Frankl, die nicht nur das Manuskript getippt hat, sondern in jeder Phase der Bearbeitung Ihrem Mann hilfreich zur Seite stand. Des weiteren zu danken ist Harald Mori, der ebenfalls beim Zustandekommen des Buches große Dienste geleistet hat. Besonderer Dank gebührt natürlich dem Autor selbst, der dieses Werk erst möglich gemacht hat.

München, Februar 1995   *Martina Gast-Gampe*

*Grabmal des legendenumwobenen Rabbi Löw
auf dem alten jüdischen Friedhof von Prag*

Inhalt

Die Eltern	1
Meine Kindheit	7
Verstand	13
... und Gefühl	14
Über den Witz	18
Hobbys	22
Schulzeit	27
Auseinandersetzung mit der Psychoanalyse	28
Psychiatrie als Berufswunsch	32
Der Einfluß des Arztes	35
Philosophische Fragen	36
Glaube	37
Begegnung mit der Individualpsychologie	40
Die Anfänge der Logotherapie	44
Theorie und Praxis: Jugendberatungsstellen	47
Lehrjahre eines Arztes	52
Der „Anschluß"	55
Widerstand gegen die Euthanasie	60
Das Ausreisevisum	61
Tilly	63
Konzentrationslager	68
Deportation	69
Auschwitz	71
Über „Kollektivschuld"	80
Rückkehr nach Wien	81
Über das Schreiben	87
Resonanz auf Bücher und Aufsätze	90
Begegnung mit bedeutenden Philosophen	91
Vorträge in aller Welt	94
Über das Altern	100
Audienz beim Papst	102
Der leidende Mensch	104
Nachbemerkung	107
Über Viktor E. Frankl	110
Erläuterungen	111

Brautbild der Eltern (1901)

Die Eltern

Meine Mutter stammte aus einem alteingesessenen Prager Patriziergeschlecht – der Prager deutsche Dichter Oskar Wiener[1] (dessen Gestalt in Meyrinks[2] Roman „Der Golem" verewigt wurde) war ihr Onkel. Ich sah ihn, als er längst erblindet war, im Lager Theresienstadt zugrunde gehen. Zu ergänzen wäre, daß meine Mutter von Raschi[3], der im 12. Jahrhundert gelebt hat, abstammt, aber auch vom „Maharal"[4], dem berühmten „Hohen Rabbi Löw" von Prag. Und zwar wäre ich die 12. Generation nach dem „Maharal". Das geht alles aus dem Stammbaum hervor, in den Einblick zu nehmen ich einmal Gelegenheit hatte.

Zur Welt gekommen wäre ich beinahe im berühmten Café Siller in Wien. Dort bekam meine Mutter die ersten Wehen, an einem schönen Frühlingssonntagnachmittag des 26. März 1905. Mein Geburtstag fällt mit dem Todestag Beethovens zusammen, wozu ein Schulkamerad einmal boshaft gemeint hat: „Ein Unglück kommt selten allein."

Meine Mutter war ein seelensguter und herzensfrommer Mensch. Ich kann also eigentlich nicht verstehen, warum ich als Kind so „sekkant" war, wie man mir gesagt hat. Als Kleinkind schlief ich immer nur ein, wenn sie mir „Lang, lang ist's her" als Wiegenlied gesungen hat – der Text spielte keine Rolle. Sie hat mir erzählt, daß sie immer wieder gesungen hat „So sei doch schon ruhig, du elendiger Kerl – lang, lang ist's her, lang, lang ist's her" usw. Die Melodie mußte auf jeden Fall stimmen.

An das Elterhaus war ich so emotional attachiert, daß ich furchtbar unter Heimweh litt während der ersten Wochen und Monate, ja Jahre, in denen ich in diversen Krankenhäusern, an denen ich angestellt war, übernachten mußte. Zuerst wollte ich noch jede Woche einmal, dann jeden Monat einmal und schließlich an jedem meiner Geburtstage zu Hause übernachten.

Nachdem mein Vater in Theresienstadt gestorben und ich mit meiner Mutter allein geblieben war, habe ich es mir zum Prinzip gemacht, wo immer ich ihr begegnete und wann immer sie von mir Abschied nahm, sie zu küssen, so daß eine Garantie bestand, daß, wenn uns irgend etwas trennen sollte, wir im Guten voneinander gegangen sind.

Und als es dann soweit war, und ich mit meiner ersten Frau Tilly nach Auschwitz abtransportiert wurde und mich von meiner Mutter verabschiedete, bat ich sie im letzten Moment: „Bitte, gib mir den Segen." Und ich werde nie vergessen, wie sie mit einem Schrei, der ganz aus der Tiefe kam und den ich nur als inbrünstig bezeichnen kann, gesagt hat: „Ja, ja, ich segne dich" – und dann gab sie mir den Segen. Das war etwa eine Woche, bevor sie selbst ebenfalls nach Auschwitz und dort direkt ins Gas gekommen ist.

Im Lager dachte ich sehr viel an meine Mutter, aber wann immer ich daran dachte, wie es sein würde, wenn ich sie wiedersehe, drängte sich mir unabweislich die Vorstellung auf, das einzig Angemessene wäre, wie es immer so schön heißt, in die Knie zu sinken und den Saum ihres Kleides zu küssen.

Frankls Mutter Elsa – nach der Mode ihrer Zeit

Frankls Vater Gabriel als Obermittelschüler ca. 1879

Wenn ich gesagt habe, daß meine Mutter ein seelensguter und herzensfrommer Mensch gewesen sei, dann war mein Vater charakterologisch eher das Gegenteil. Er besaß eine spartanische Lebensauffassung und eine ebensolche Vorstellung von Pflicht. Er hatte seine Prinzipien und er blieb ihnen treu. Auch ich bin Perfektionist und von ihm dazu erzogen worden. Mein (älterer) Bruder und ich wurden am Freitagabend von unserem Vater gezwungen, ein Gebet hebräisch vorzulesen. Und wenn wir, wie es meistens der Fall war, einen Fehler machten, dann wurden wir keineswegs gestraft, aber es gab keine Prämie. Eine solche gab es nur, wenn wir den Text absolut perfekt herunterlesen konnten. Dafür gab es zehn Heller, aber dazu kam es nur ein paarmal im Jahr.

Meines Vaters Lebensauffassung hätte man nicht nur als spartanisch, sondern auch als stoisch bezeichnen können, wenn er nicht auch ebenso zum Jähzorn geneigt hätte. In einem Anfall von Jähzorn zerbrach er einmal einen Spazierstock oder Bergstock, während er mich damit verprügelte. Trotz alledem habe ich in ihm immer die Personifikation der Gerechtigkeit gesehen. Hinzu kam, daß er uns immer Geborgenheit vermittelte.

Im großen und ganzen bin ich eher meinem Vater nachgeraten. Die Eigenschaften, die ich aber von meiner Mutter geerbt haben mag, dürften zusammen mit denen meines Vaters in meiner Charakterstruktur eine Spannung erzeugt haben. Einmal testete mich ein Psychologe von der psychiatrischen Universitätsklinik in Innsbruck mit dem Rorschach-Test und behauptete dann, so etwas habe er noch nie gesehen, eine solche Spannweite zwischen extremer Rationalität einerseits und tiefgreifender Emotionalität andererseits. Erstere habe ich vermutlich von meinem Vater geerbt, letztere von meiner Mutter – nehme ich an.

Mein Vater stammte aus Südmähren, das damals zu Österreich-Ungarn gehörte. Als mitteloser Sohn eines Buchbindermeisters hungerte er sich bis zum Absolutorium durch das Studium der Medizin, mußte dann aber aus finanziellen Gründen aufgeben und in den Staatsdienst eintreten, wo er es im Ministerium für soziale Verwaltung bis zum Direktor brachte. Bevor er im Lager Theresienstadt Hungers starb, wurde der Herr Direktor einmal dabei angetroffen, wie er aus einer leeren Tonne den Rest von Kartoffelschalen herauskratzte. Als ich selbst später vom Konzentrationslager Theresienstadt über Auschwitz nach Kaufering gekommen war, wo wir schrecklich hungern mußten, konnte ich meinen Vater verstehen: Dort war ich es selbst, der einmal aus dem vereisten Erdboden ein winziges Stückchen Karotte herauskratzte – mit den Fingernägeln.

Eine Zeitlang war mein Vater Privatsekretär bei Minister Joseph Maria von Bärnreither[5]. Dieser verfaßte damals ein Buch über Strafvollzugsreform und seine persönlichen Erfahrungen, die er dazu in Amerika gemacht hatte. Auf seinem Gut oder Schloß in Böhmen diktierte er meinem Vater, der zehn Jahre lang Parlamentsstenograph gewesen war, das Buchmanuskript. Einmal fiel ihm auf, daß mein Vater immer auswich, wenn er zum Essen eingeladen war, bis er ihm eines Tages die Frage stellte, warum er das tue. Mein Vater erklärte ihm, daß er nur rituelle Kost zu sich nehme – das hat unsere

Familie bis zum Ersten Weltkrieg tatsächlich getan. Daraufhin veranlaßte Minister Bärnreither, daß seine Kutsche jeden Tag zweimal in ein nahegelegenes Städtchen hinunterfuhr und koscheres Essen für meinen Vater heraufholte, damit er nicht weiterhin nur von Brot, Butter und Käse leben mußte.

In dem Ministerium, in dem mein Vater zu dieser Zeit arbeitete, gab es einen Sektionschef, der ihn zur stenographischen Aufnahme einer Sitzung bat. Mein Vater lehnte ab mit dem Hinweis darauf, daß an dem betreffenden Tag der höchste jüdische Feiertag war, der „Jom Kippur". An diesem Tag fastet man 24 Stunden lang, man betet und darf natürlich nicht arbeiten. Der Sektionschef drohte meinem Vater eine Disziplinaruntersuchung an. Trotzdem lehnte mein Vater es ab, am jüdischen Feiertag zu arbeiten, und wurde tatsächlich mit einer Disziplinarstrafe belegt.

Im übrigen war mein Vater zwar religiös, aber nicht ohne sich kritische Gedanken zu machen. Es hätte nicht viel gefehlt, und er wäre der erste und führende liberale Jude in Österreich geworden beziehungsweise ein Repräsentant dessen, was später in Amerika als „Reformjudentum" bezeichnet worden ist. Und so wie ich einschränken muß, was ich in bezug auf Prinzipien gesagt habe, muß ich erweitern, was ich in bezug auf Stoizismus gesagt habe: Als wir vom Bahnhof Bauschowitz ins Lager Theresienstadt marschierten, hatte er seine letzte Habe in einer großen Hutschachtel verstaut und auf dem Rücken getragen. Während die Leute einer Panik nahe waren, sagte er ein paarmal zu ihnen: „Immer nur heiter, Gott hilft schon weiter." Lächelnd sagte er das. Soviel zu meiner charakterologischen Herkunft.

Was nun die Herkunft meines Vaters anbelangt, so dürften seine Ahnen aus Elsaß-Lothringen stammen. Zu der Zeit, als Napoleon auf einem seiner Feldzüge in der Heimatstadt meines Vaters in Südmähren (auf halber Strecke von Wien nach Brünn) einmarschiert war und seine Grenadiere dort einquartiert wurden, trat einer dieser Soldaten auf ein Mädchen zu, fragte sie nach einem bestimmten Namen und sie sagte, das sei ihre Familie. Er ließ sich bei dieser Familie einquartieren und erzählte dann, daß er in Elsaß-Lothringen beheimatet sei und seine Angehörigen ihm aufgetragen hätten, nach der Familie des Mädchens Ausschau zu halten und ihr Grüße zu bestellen. Die Auswanderung des betreffenden Ahnen muß etwa um das Jahr 1760 erfolgt sein.

Frankls Eltern während des Zweiten Weltkriegs

Unter den Dingen, die ich bis ins Lager Theresienstadt schmuggeln konnte, befand sich auch eine Ampulle Morphium. Die spritzte ich meinem Vater, als ich als Arzt sehen mußte, daß ihm das terminale Lungenödem, also das Ringen um Luft unmittelbar vor Eintritt des Todes, bevorstand. Er war damals bereits 81 Jahre alt und halb verhungert. Trotzdem bedurfte es zweier Pneumonien, bis das Leben aus ihm wich.

Ich fragte ihn: „Hast Du noch Schmerzen?"
„Nein."
„Hast Du noch irgendeinen Wunsch?"
„Nein."
„Willst Du mir noch irgend etwas sagen?"
„Nein."

Dann küßte ich ihn und ging. Ich wußte, daß ich ihn nicht mehr lebend wiedersehen würde. Aber ich hatte das wunderbarste Gefühl, das man sich vorstellen kann: Ich hatte das Meinige getan. Ich war der Eltern wegen in Wien geblieben und jetzt hatte ich ihn in den Tod begleitet und ihm unnötige Todesqualen erspart.

Als meine Mutter in Trauer war, wurde sie vom tschechischen Rabbiner Ferda, der meinen Vater gut gekannt hatte, besucht. Ich war anwesend, als Ferda, der ihr Trost zusprach, meinte, mein Vater sei ein Zaddik gewesen – das heißt „ein Gerechter". Also hatte ich doch recht, wenn ich als Kind spürte, Gerechtigkeit sei ein Charakteristikum meines Vaters. Sein Gerechtigkeitssinn muß aber in einem Glauben an die göttliche Gerechtigkeit verwurzelt gewesen sein. Anders wäre es nicht denkbar, daß er sich die Worte, die ich wiederholt aus seinem Munde hören konnte, zum Wahlspruch genommen hatte: „Wie Gott will, ich halt' still."

Meine Kindheit

Zurück zum Ausgangspunkt, zu meiner Geburt. Ich bin in der Czerningasse Nummer 6 geboren, und wenn ich mich richtig erinnere, erzählte mein Vater einmal, daß auf Nummer 7, also schräg gegenüber, eine Zeitlang Dr. Alfred Adler, der Begründer der Individualpsychologie gewohnt habe. Der Geburtsort der Dritten Wiener

Wien, Czerningasse 6 – Frankls Geburtshaus

Richtung, der Logotherapie, ist also nicht allzuweit entfernt von dem der Zweiten Wiener Richtung, Adlers Individualpsychologie.

Man braucht nur ein kleines Stück auf die Praterstraße weiterzugehen, also auf die andere Seite desselben Häuserblocks, und man befindet sich in dem Haus, in dem die inoffizielle österreichische Nationalhymne, der Blaue Donauwalzer komponiert wurde, und zwar von Johann Strauß.

Die Logotherapie ist also in meinem Geburtshaus geboren. Die Bücher aber, die von mir erschienen sind, sind bereits in der Wohnung entstanden, in der ich seit meiner Rückkehr nach Wien lebe. Und da mein Arbeitsraum einen halbkreisförmigen Erker besitzt, habe ich ihn einmal, weil in ihm meine Bücher unter Wehen diktiert werden, in Anlehnung an das Wort Kreißsaal als „Halbkreißsaal" bezeichnet.

Wien, Mariannengasse 1 – seit 1945 wohnt Frankl in diesem Haus. Das Arbeitszimmer ist im Erker untergebracht.

Es mag sein, daß mein Vater es gerne sah, daß ich bereits im Alter von drei Jahren entschlossen war, Arzt zu werden. Die Ideale, die zu meiner Zeit in beruflicher Hinsicht in Schwang waren, nämlich Schiffsjunge oder Offizier zu werden, verschmolz ich zwanglos mit meinem Ideal des Arztseins, indem ich einmal Schiffsarzt werden wollte, ein anderesmal Militärarzt. Aber über die Praxis hinaus muß mich auch die Forschung frühzeitig interessiert haben. Zumindest sehe ich mich heute noch, wie ich im Alter von vier Jahren zu meiner Mutter sagte: „Ich weiß schon, Mama, wie man Medikamente erfindet: Man läßt sich Leute kommen, die sich das Leben nehmen wollen und zufällig krank sind, und gibt ihnen alles Mögliche zu essen und zu trinken – sagen wir Schuhwichse oder Petroleum. Kommen sie aber mit dem Leben davon, dann haben wir für ihre Krankheit das richtige Medikament entdeckt". Und da werfen mir meine Gegner vor, ich sei zu wenig experimentell ausgerichtet!

Mit vier Jahren muß es auch gewesen sein, daß ich eines Abends kurz vor dem Einschlafen aufschreckte, und zwar von der Einsicht aufgerüttelt, eines Tages würde auch ich sterben müssen. Was mir aber zu schaffen machte, war eigentlich zu keiner Zeit meines Lebens die Furcht vor dem Sterben, vielmehr nur eines: die Frage, ob nicht die Vergänglichkeit des Lebens dessen Sinn zunichte mache. Und die Antwort auf die Frage, die Antwort, zu der ich mich schließlich durchzuringen vermochte, war die folgende: In mancherlei Hinsicht macht der Tod das Leben überhaupt erst sinnvoll. Vor allem aber kann die Vergänglichkeit des Daseins dessen Sinn aus dem einfachen Grunde nicht Abbruch tun, weil in der Vergangenheit nichts unwiederbringlich verloren, vielmehr alles unverlierbar geborgen ist. Im Vergangensein ist es also vor der Vergänglichkeit sogar bewahrt und gerettet. Was immer wir getan und geschaffen, was immer wir erlebt und erfahren haben – wir haben es ins Vergangensein hineingerettet, und nichts und niemand kann es jemals wieder aus der Welt schaffen.

Als Bub habe ich mich darüber gekränkt, daß mir vor allem durch den Ersten Weltkrieg zwei Herzenswünsche nicht in Erfüllung gegangen sind: Ich wäre gerne Pfadfinder geworden und ich hätte gerne ein Fahrrad besessen. Dafür ist mir etwas in Erfüllung gegangen, das zu wünschen ich gar nicht gewagt hätte: Ich habe unter den Hunderten von Buben, die den Stadtpark und dessen Spielplätze bevölkerten, den anerkannt Stärksten im Ringkampf „gelegt" und zwar indem ich ihn „im Schwitzkasten" hielt.

Als ganz junger Mensch wollte ich immer eine Kurzgeschichte schreiben. Inhalt sollte sein, wie jemand fieberhaft nach einem verlorengegangenen Notizbuch fahndet. Endlich wird es ihm zurückgebracht, aber der redliche Finder möchte gerne wissen, was die komischen Eintragungen bedeuten, die sich im Kalenderteil befinden. Und es stellt sich heraus, daß es sich um Stichworte handelt, mit denen sich der Besitzer des Notizbuches an bestimmten Tagen, die er zu seinen „Privatfeiertagen" ernannt hat, an besondere Glücksfälle erinnern möchte. So heißt es etwa am 9. Juli, „Brünner Bahnhof". Was das bedeutet? Es war an einem 9. Juli gewesen, als er als Kind von etwa zwei Jahren auf dem Brünner Bahnhof für wenige Sekunden von den Eltern nicht beaufsichtigt vom Bahnsteig auf die Schienen hinuntergeklettert war und knapp vor dem Rad eines Waggons auf einer Schiene Platz genommen hatte. Erst als das Abfahrtssignal ertönte und die Eltern nach ihm Ausschau hielten, entdeckten sie, was passiert war. Der Vater riß ihn von der Schiene weg, und der Zug setzte sich in Bewegung. Glück muß man haben! Gott sei Dank hatte ich es gehabt, denn das „Kind" war in Wirklichkeit – ich selbst!

In der Kindheit wurde mir ein Gefühl der Geborgenheit selbstverständlich nicht durch philosophische Überlegungen und Erwägungen geschenkt, sondern vielmehr durch die Umgebung, in der ich lebte. Ich muß fünf Jahre alt gewesen sein, als ich – und ich halte diese Kindheitserinnerung für paradigmatisch – an einem sonnigen Morgen in der Sommerfrische Hainfeld erwachte. Während ich die Augen noch geschlossen hielt, wurde ich von dem unsäglich beglückenden und beseligenden Gefühl durchflutet, geborgen, bewacht und behütet zu sein. Als ich die Augen öffnete, stand mein Vater lächelnd über mich gebeugt.

Noch ein paar Bemerkungen zu meiner sexuellen Entwicklung. Ich war ein kleiner Bub, als mein älterer Bruder und ich auf einem Familienausflug im Wienerwald ein Paket fanden, das Ansichtskarten mit lauter pornographischen Fotos enthielt. Wir waren weder überrascht noch entsetzt. Wir konnten nur nicht verstehen, daß meine Mutter uns die Fotos so eilig aus der Hand riß.

Später – ich muß da etwa acht Jahre alt gewesen sein – wurde alles Sexuelle allerdings mit dem Flair des Geheimnisvollen umgeben. Schuld war unser fesches, ja tolles Dienstmädchen, das sich meinem Bruder und mir teils gemeinsam, teils gesondert sexuell darbot – wir durften sie am Unterleib entblößen, entkleiden und mit ihrem

Frankl (Mitte) mit Bruder Walter und Schwester Stella

Genitale spielen. Zu diesem Zweck stellte sie sich z.B. auf dem Fußboden liegend schlafend, um uns zu solchem Spiel zu animieren. Dabei schärfte sie uns Buben immer wieder ein, post festum, daß wir den Eltern nichts sagen dürften, vielmehr müsse alles ein Geheimnis zwischen uns dreien bleiben.

Jahre hindurch zitterte ich, wenn ich etwas angestellt hatte – ich meine, etwas Nichtsexuelles angestellt hatte –, denn das Dienstmädchen warnte mich, indem sie den Zeigefinger hob und sagte: „Vicki, sei brav oder ich verrate der Mama das Geheimnis!" Diese Worte genügten, um mich bedingungslos in Schach zu halten, bis ich eines Tages mithörte, wie meine Mutter sie fragte: „Was ist denn nun eigentlich das Geheimnis?" und das Dienstmädchen ihr antwortete: „Aber gar nichts Besonderes, er hat Marmelade genascht." Ihre Vorsicht hinsichtlich der Möglichkeit, *ich* könnte etwas ausplaudern, war ja nicht ganz grundlos.

Ich erinnere mich noch genau, wie ich eines Tages zu meinem Vater sagte: „Nicht wahr, Papa, ich habe Dir *nicht* gesagt, daß die Marie gestern mit mir Ringelspiel fahren gegangen ist, im Prater." Auf diese Art und Weise wollte ich meine Diskretion unter Beweis stellen. Man stelle sich vor, ich hätte eines Tages gesagt: „Nicht wahr, Papa, ich habe Dir *nicht* gesagt, daß ich gestern mit dem Genitale von Marie gespielt habe?"

Über kurz oder lang wurden mir natürlich die Zusammenhänge zwischen Sex und Ehe klar, und zwar noch bevor mir der Zusammenhang zu Bewußtsein gekommen war zwischen Sex und Fortpflanzung. Ich dürfte schon in der Untermittelschule gewesen sein, als ich mir vornahm, sobald ich einmal heiraten würde, alles daran zu setzen, daß ich nachts nicht einschlafe oder zumindest nicht allzu schnell, denn ich wollte etwas nicht versäumen: das, was man den Beischlaf nannte. Sind die Leute denn blöde, dachte ich mir, wenn sie sich den Genuß von etwas so Schönem entgehen lassen, indem sie dabei schlafen? Ich werde es wach genießen, nahm ich mir vor.

In einer anderen Sommerfrische, Pottenstein, gab es eine Erzieherin, die mit meinen Eltern befreundet war und deshalb viel mit uns Kindern zusammenkam. Mich pflegte sie als den „Denker" zu apostrophieren – wahrscheinlich weil ich ihr unaufhörlich Fragen stellte. Ständig wollte ich von ihr etwas wissen, immer mehr wissen. Allein, ich glaube nicht, daß ich jemals wirklich ein großer Denker war. Eines mag ich gewesen sein: *ein konsequenter Zu-Ende-Denker.*

Ich weiß nicht, ob man es Grübeln nennen kann, man könnte es vielleicht ebenso gut als Selbstbesinnung in der besten Tradition von Sokrates bezeichnen, wenn ich Jahre hindurch als junger Mensch das Frühstück, besser gesagt den Kaffee im Bett zu mir nahm und im Anschluß daran immer mindestens ein paar Minuten lang im Bett blieb und nachdachte über den Sinn des Lebens und im besonderen über den Sinn des kommenden Tages, besser gesagt dessen Sinn *für mich.*

Dabei fällt mir ein, was im Konzentrationslager Theresienstadt passiert ist: Ein Prager Dozent hatte ein paar Kollegen auf ihren Intelligenzquotienten hin getestet, und bei mir war ein überdurchschnittlicher IQ herausgekommen. Damals war ich darüber eigentlich sehr traurig, denn ich dachte mir, andere könnten mit einem solchen Intelligenzquotienten etwas anfangen, wogegen ich wohl keine Chance mehr hätte, aus dem Intelligenzquotienten etwas zu machen, sondern im Lager umkommen würde.

Familie Frankl 1925: Viktor, Gabriel, Elsa, Stella, Walter

Da wir gerade von Intelligenz reden: Es hat mich immer belustigt, wenn ich draufgekommen bin, daß andere eine Idee, die ich bereits gehabt hatte, erst viel später hatten. Das hat mich wenig geniert, weil ich mir dachte, die anderen mußten sich plagen und etwas publizieren, wogegen ich ohne mich plagen zu müssen das Bewußtsein hatte, daß ich das genauso herausgefunden hatte wie die anderen, die durch ihre Publikationen berühmt geworden sind. Eigentlich würde es mir nicht einmal etwas ausmachen, wenn jemand für meine Ideen den Nobelpreis bekommen sollte.

Verstand ...

Als Perfektionist neige ich dazu, von mir selbst viel zu verlangen. Das heißt natürlich nicht, daß ich meine eigenen Forderungen immer erfülle. Aber soweit es geschieht, sehe ich darin das Geheimnis von Erfolgen, soweit ich solche habe. Wenn man mich nämlich fragt, worauf ich die zurückführe, dann pflege ich zu antworten: „Weil ich mir ein Prinzip zurechtgelegt habe: Ich mache die kleinsten Dinge mit derselben Gründlichkeit wie die größten und dafür die größten mit der derselben Ruhe wie die kleinsten." Wenn ich also nur ein paar kurze Diskussionsbemerkungen machen will, dann sind sie durchkomponiert und ich mache mir Notizen. Aber wenn ich einen Vortrag vor ein paar Tausend Leuten halten soll und ich habe den Text durchkomponiert und ich habe mir Notizen gemacht, dann halte ich den Vortrag mit derselben Ruhe, wie wenn ich die Diskussionsbemerkungen vor einem Dutzend Leuten gemacht hätte.

Und noch etwas: Ich mache alles nicht zum spätestmöglichen, sondern zum frühestmöglichen Termin. Dadurch ist gewährleistet, daß wenn ich schon viel zu tun habe, nicht außer der Arbeit auch noch der Druck, daß etwas unerledigt ist, auf mir lastet. Und das dritte Prinzip lautet: Nicht nur alles zum frühestmöglichen Termin zu machen, sondern das Unangenehme immer früher zu machen als das Angenehme. Mit einem Wort: Es hinter sich kriegen. Natürlich ist es keineswegs so, daß ich mich immer an meine Grundsätze und Vorsätze gehalten habe. Als junger Arzt im Maria Theresien-Schlössel und auf dem Steinhof vertrieb ich mir sonntags die Zeit mit Varietébesuchen. Was ich übrigens sehr genossen, aber immer ein ungutes Gefühl dabei gehabt habe. Denn eigentlich sollte ich zu Hause sitzen und meine Gedanken zu Papier bringen, um sie zu publizieren.

Seit ich im Konzentrationslager war, ist das anders geworden. Wie viele Wochenenden habe ich seither geopfert, um meine Bücher zu diktieren! Ich habe gelernt, mit der Zeit hauszuhalten. Ja, ich geize mit der Zeit. Aber eigentlich nur, damit ich dann für wesentliche Dinge immer Zeit habe.

Aber ich muß nach wie vor gestehen, daß ich meinen Grundsätzen immer wieder untreu werde. Natürlich bin ich dann auf mich entsprechend böse – ich pflege zu sagen: so böse, daß ich oft tagelang kein Wort mit mir rede.

... und Gefühl

Vorhin habe ich gesagt, daß ich Rationalist bin, also ein Verstandesmensch. Aber ich habe bereits angedeutet, daß ich auch ein Gefühlsmensch bin.

Während des Zweiten Weltkrieges, noch bevor ich ins Konzentrationslager kam, zur Zeit der Euthanasierung von Geisteskranken, hatte ich einen bewegenden Traum. Aus einem tiefen Mitleiden mit den Geisteskranken heraus träumte ich eines nachts, zur Euthanasie bestimmte Leute stellen sich vor einer Gaskammer an, ich überlege kurz und schließe mich ihnen freiwillig an. Man sieht, eine Parallele zur Tat des berühmten polnischen Kinderarztes Janusz Korczak, der freiwillig den ihm anvertrauten Waisenkindern ins Gas folgte. Er hat es getan, ich habe es nur geträumt.

Für mich kann ich nur buchen, daß ich ihn sehr gut verstehen kann. Vorhin habe ich zu verstehen gegeben, daß ich nur wenige wirklich gute Eigenschaften an mir kenne, vielleicht die einzige besteht darin, daß ich etwas Gutes, das mir jemand getan hat, nicht vergesse und etwas Böses nicht nachtrage.

Welche Wünsche hatte ich in meinem Leben? Ich erinnere mich, daß ich mir als Student wünschte, mehr zu besitzen, als ich damals hatte, nämlich einen eigenen Wagen, ein eigenes Haus und eine Privatdozentur. Zu einem Wagen habe ich es inzwischen gebracht, zu einem Haus nicht (ein Haus habe ich allerdings unserer Tochter bzw. deren Familie gekauft). Privatdozent bin ich auch geworden, sogar mit dem Titel eines außerordentlichen Universitäts-Professors.

Was will ich mehr? Ich kann es ganz genau sagen: Gerne hätte ich eine alpinistische Erstbegehung gemacht. Eingeladen war ich zu einer, und zwar von meinem Seilkameraden Rudolf Reif. Aber ich konnte mir damals vom Steinhof keinen Urlaub nehmen. Übrigens gehört das zu den drei spannendsten Dingen, die es meiner Ansicht nach gibt: eine *Erstbegehung*, ein *Spiel in einem Spielkasino* und eine *Hirnoperation*.

Wie man gesehen hat, komme ich im allgemeinen über Kränkungen hinweg – vielleicht dank einer Ader von Lebenskunst. Immer wieder empfehle ich auch anderen zu tun, was ich mir zu einem Prinzip gemacht habe: Wenn mir etwas zustößt, sinke ich in die Knie – natürlich nur in der Phantasie – und wünsche mir, daß mir in der Zukunft *nichts Ärgeres* passieren soll.

Es gibt ja ein Hierarchie nicht nur der Werte, sondern auch der Unwerte, die man sich in solchen Fällen in Erinnerung rufen sollte. In einem WC im Lager Theresienstadt habe ich einmal einen Wandspruch gelesen, der lautete: „Setz' dich über alles hinweg und freu' dich über jeden Dreck." Man muß also auch das Positive sehen, zumindest muß das jemand, der Lebenskünstler sein will.

Frankl mit seinem Seilkameraden Rudi Reif

Es geht aber nicht nur darum, was einem in der Zukunft erspart bleiben möge, wie im besagten Stoßgebet, sondern auch darum, was einem in der Vergangenheit erspart geblieben ist. Aber jeder sollte für solche Glücksfälle auch dankbar sein und sich immer wieder an sie erinnern, Gedenktage einführen und sie feiern wie der bereits erwähnte Mann mit dem verlorenen Notizbuch.

Übrigens wollte ich einmal eine andere Kurzgeschichte schreiben – da war ich noch ganz jung, vielleicht nur 13 oder 14 Jahre alt. Die Geschichte hatte folgenden Inhalt: Ein Mann entdeckt eine Droge, und wer sie einnimmt, wird ungemein gescheit. Die pharmakologische Industrie stürzt sich auf die Entdeckung und fahndet nach dem Forscher, findet ihn aber nicht, denn er war nach Einnahme der Droge selbst so gescheit geworden, daß er sich sozusagen zur Nabelbeschau in einen Urwald, jedenfalls in die Einsamkeit, zurückgezogen hatte. Mit einem Wort, er war weise geworden und wollte von einer kommerziellen Ausbeutung seiner Entdeckung nichts mehr wissen. Diese Kurzgeschichte habe ich niemals niedergeschrieben, dafür aber zwei Gedichte, die ich noch in Erinnerung habe; ich muß sie etwa als 15jähriger verfaßt haben. Das eine lautet folgendermaßen:

Mir ward vom Sein und Leben
ein Traum:
Zwei Sterne sah ich schweben
im Raum;
Sie wollten werden beide
ein Eins.
Dies Wollen ward zum Leide –
des Scheins!
Sie mußten kleiner werden,
doch fern
sah ich die beiden werden
ein Stern.

Daß das zweite Gedicht ein Zitat aus dem „Vedanta"[6] sei, also indische Metaphysik und Mystik, konnte ich wiederholt den Leuten einreden. Es lautet folgendermaßen:

Mein Geist hat sich von Fesseln befreit:
Ringend entwandt er sich Raum und Zeit,
Entschlief in unendliche Ewigkeit,
Ergoß sich in ewige Unendlichkeit
Und sank auf den Grund allen Seins
Als alles umfassendes Eins.

Wenn man aber nicht nur geistreich, sondern auch geistesgegenwärtig ist, trägt es Früchte. Zum Beispiel während eines Rigorosums in Pathologie. Professor Maresch fragte mich, wie ein Magengeschwür entsteht – ich antwortete ihm, indem ich eine bestimmte Theorie zitierte, die ich aus den Skripten noch in Erinnerung hatte. Daraufhin sagte er: „Gut, aber es gibt ja auch andere Theorien – kennen Sie auch andere Theorien?"

Ich antwortete: „Ja, selbstverständlich", und unterbreitete ihm eine andere Theorie.

„Und von wem stammt sie?", wollte er wissen.

Ich stotterte verlegen herum, bis er mir aushalf und irgendeinen berühmten Namen nannte.

„Natürlich", sagte ich, „wie konnte ich das nur vergessen?"

In Wirklichkeit hatte ich die Theorie in der Prüfungssituation buchstäblich erfunden, ohne von ihr jemals etwas gehört zu haben.

Über den Witz

Witzige Bemerkungen können natürlich auch zu Wortwitzen führen, ja Wortwitze kreieren. Rudolf Reif, der berühmte Kletterer, jahrelang mein Seilkamerad, war vor dem Zweiten Weltkrieg Chef der Kletterführer im Alpenverein Donauland. Wenn der Klub mit ihm und mit mir Klettertouren machte, pflegte er mich – den Psychiater – immer als Narrendoktor zu apostrophieren. Ich war damals Anstaltsarzt in der Irrenanstalt „Am Steinhof". Jedenfalls nannte er mich nie Doktor, sondern eben nur Narrendoktor. Bis ich eines Tages mit meiner Geduld am Ende war und ich ihm vor allen Klubmitgliedern sagte: „Passen Sie auf, Herr Reif, wenn Sie mich weiterhin Narrendoktor nennen – wissen Sie, wie ich Sie dann nennen werde? ‚Steinhofreif'!"

Wie gesagt, er hieß Reif, und in Wien nannte man jemanden, den man für verrückt hielt, also für reif zur Einlieferung in eine Irrenanstalt, „steinhofreif". Fürderhin wurde ich von Herrn Reif immer nur Doktor genannt.

Wortwitze können natürlich auch in Neologismen, also Wortneubildungen ausarten. Kurz nach dem Zweiten Weltkrieg war ich in eine literarisch ambitionierte Runde eingeladen, in der jemand seine jüngste literarische Produktion vorlas. Mein verstorbener Cousin Leo Korten, der beim BBC in London tätig war, flüsterte mir zu: „Kafka". Er meinte, es handle sich um eine Kafka-Stil-Imitation durch einen Kafka-Epigonen. Ich flüsterte zurück: „Ja, aber Neskafka."

Während ich 1961 an der Harvard University als Visiting-Professor dozierte, und die Tür zum Hörsaal offengeblieben war, weil es so heiß war, spazierte mitten in der Vorlesung plötzlich ein Hund in den Hörsaal herein, blickte sich um und spazierte nach einigen Sekunden wieder hinaus. Alle Blicke verfolgten ihn, auch meine. Alle waren so verblüfft, daß wir nicht einmal zu lachen Zeit hatten – bis ich als erster Worte fand, indem ich bemerkte: „That is what I would like to call dogotherapy" – die Vorlesung hatte nämlich bis dahin von der Logotherapie gehandelt.

Man sollte es nicht glauben, aber sogar im Konzentrationslager konnte man sich hie und da zu einem Wortwitz bzw. zu witzigen Wortneubildungen aufschwingen. In Theresienstadt, wo ich mit einem halben Dutzend anderer Ärzte in einem kleinen Zimmer in einer Kaserne untergebracht war, hatte ich, um in unser Zimmer zu gelangen, ein anderes Zimmer zu durchqueren. Es war dunkel, aber als ich die Tür zu unserem Zimmer öffnete, fiel Licht ins Durchgangszimmer, und so konnte ich sehen, daß ein Kollege, der dort mit seiner Freundin in seinem Bett lag – es handelte sich um einen Prager Röntgenologen – ein bißchen in Verlegenheit geraten war. Ich sagte: „Verzeihen Sie, Herr Kollege, habe ich Sie bei*geweckt*?"

Später trug er mir eine Ohrfeige an – wie ich finde unberechtigterweise, denn ich weiß nicht, ob es eine Ehrenbeleidigung ist, wenn ich von jemandem annehme, daß er seiner Freundin bei*geschlafen* hat.

Andere witzige Neologismen sind durchaus legitim. Solange ich zum Beispiel noch kein eigenes Auto besaß, sagte ich immer: „Wissen Sie, ich fahre für gewöhnlich mit einem Heteromobil, das heißt, nicht mit einem eigenen Wagen, sondern mit dem eines andern, der mich in seinem Wagen mitnimmt."

Unter Umständen läßt sich ein Wortwitz machen ohne Wortneubildung, beispielsweise wenn ich aufgefordert werde, meine Teetasse nachzufüllen, und dies mit der Bemerkung quittiere: „Wissen Sie, ich bin ein Monotheist – ich trinke immer nur *eine* Tasse Tee."

Natürlich kann man nicht nur einzelne Worte, sondern auch ganze Wortfolgen zu Wortwitzen verwenden. Ich kannte jemanden, der mir erzählte, daß er eigentlich nur aus Protest gegen Hitler und den Nationalsozialismus zum katholischen Glauben gefunden hatte und schließlich Priester geworden war, bis er zu guter Letzt feststellen mußte, daß es sich beim Katholizismus – nicht weniger als beim Nationalsozialismus – um einen Totalitarismus gehandelt habe. Ich muß noch bemerken, daß der Mann erst vor Aufnahme seines Theologiestudiums zur katholischen Kirche übertrat bzw. sich taufen ließ. Jedenfalls meinte ich abschließend und verständnisvoll: „Mit einem Wort, Sie wollen sagen, Sie sind vom Regen in die *Taufe*."

Witzige Bemerkungen können, wie man weiß, einen Vortrag erleichtern und in einer dem Vortrag folgenden Diskussion den Stand eines Opponenten erschweren. Beim Eröffnungsvortrag des sogenannten Steirischen Herbstes[7] in Graz wollte ich andeuten, daß ich dazu legitimiert bin, nicht nur medizinisch, sondern auch philosophisch zu sprechen, wollte aber das Faktum, daß ich sowohl Doktor der Medizin als auch Doktor der Philosophie bin, unterspielen.

Ich sagte daher: „Wissen Sie, meine Damen und Herren, ich besitze nicht nur ein medizinisches, sondern auch ein philosophisches Doktorat, aber für gewöhnlich unterschlage ich es. Denn wie ich meine lieben Wiener Kollegen kenne, wird niemand sagen, der Frankl ist ein doppelter Doktor, sondern man würde sagen, er ist nur ein halber Arzt."

Und was Diskussionen anlangt, wurde ich einmal im Anschluß an einen Vortrag in München, den ich dort in der Akademie der Schönen Künste zu halten hatte, von einem jungen Mann provoziert, um nicht zu sagen attackiert: „Herr Frankl, Sie sprechen da von Sexualität, aber wie kann ein Professor, der den ganzen Tag im Seminar hockt oder mit Vorlesungen ausgelastet ist, ein gesundes und natürliches Sexualleben führen oder gar für ein solches Verständnis haben?"

„Wissen Sie, lieber Freund", erwiderte ich, „Ihre Diskussionsbemerkung erinnert mich an einen alten Wiener Witz: Jemand trifft einen Bäckermeister und erfährt von ihm, daß er zehn Kinder hat; woraufhin er ihn fragt: ‚Sagen Sie, wann backen Sie eigentlich?'"
Das Publikum lachte.

Ich setzte fort: „Genauso kommen Sie mir vor: Sie bezweifeln, daß jemand, der sich tagsüber mit seinen akademischen Verpflichtungen abgibt, dennoch des Nachts ein normales Sexualleben führen kann." Nun hatte ich die Lacher auf *meiner* Seite.

Ein andermal ergab es sich, ebenfalls in einer Diskussion, daß ich nicht jemand anderen in Verlegenheit bringen, sondern mir selbst eine Verlegenheit ersparen wollte. In einer kleinen amerikanischen Universitätsstadt wurde ich nach einem Vortrag an der theologischen Fakultät gefragt, was ich vom Konzept „The God above the God", also der Gott jenseits des Gottes, des berühmten Theologen Paul Tillich[8] halte. Ich hatte keine Ahnung von diesem Konzept, erwiderte aber gelassen: „If I answer your question regarding ‚The God above the God' this would imply that I consider myself a Tillich above the Tillich". Auf deutsch: „Wenn ich Ihre Frage nach dem Gott über dem Gott zu beantworten wagte, würde das heißen, daß ich mich für einen Tillich über dem Tillich halte.

Von Wortspielen ist es kein weiter Weg zu Rätseln. Und ein Rätsel, das ich selbst einmal erfunden hatte, wurde sogar in einer Zeitung veröffentlicht – noch dazu in Form eines „Gedichts". Es lautet folgendermaßen: „Bringst du ihn mit mir zusammen, erhältst du einen Knabennamen." Bis heute sind nur zwei Leute imstande gewesen, die Lösung zu finden: Erich. Wieso? Bringst du *ihn* – ich kann ja nicht sagen „er" – mit *mir* – ich kann ja nicht sagen „mit ich" – zusammen, erhältst du einen Knabennamen.

Aber ich mache nicht nur Witze, sondern ich liebe auch Witze. Lange habe ich mich mit dem Gedanken getragen, ein Buch über die Metaphysik der Witze, über deren metaphysischen Hintergrund zu schreiben. Der beste Witz, den ich kenne, ist der von dem Mann, der in ein polnisches Städtchen mit einem ansehnlichen Prozentsatz an jüdischer Bevölkerung kommt und das Bordell aufsuchen will. Da er sich aber schlecht nach dessen Adresse erkundigen kann, spricht er einen alten Juden im Kaftan an und fragt ihn: „Wo wohnt euer Rabbiner?"

Die Antwort lautet: „Dort, in dem grüngestrichenen Haus."

„Was" – tut der Mann auf der Suche nach dem Bordell entsetzt – „der berühmte Rabbiner so und so wohnt im Bordell?"

Darauf jener: „Wie können Sie nur so etwas sagen; das Bordell ist doch *das* Haus dort drüben, das rotgestrichene."

„Danke schön", beendet der Suchende das Gespräch und macht sich auf den Weg zum Bordell.

Müssen wir Ärzte nicht immer wieder auf eine analoge Art und Weise das Gespräch mit unseren Patienten führen? Bereits als junger Spitalsarzt bin ich draufgekommen, daß ich beim Aufnehmen der Anamnese eine Frau niemals fragen darf: „Haben Sie schon einmal abortiert?" Statt dessen muß ich sie fragen: „*Wie oft* haben Sie abortiert?"

Oder daß man einen Mann niemals fragen darf: „Haben Sie eine syphilitische Infektion hinter sich?" sondern ihn fragen muß: „*Wie viele* Salvarsankuren haben Sie gemacht?"

Auch einen Schizophrenen darf man nicht fragen, ob er Stimmen hört, sondern: „Was sagen die Stimmen?"

Wie schön läßt sich doch die psychosomatische Medizin ironisch kritisieren mit einem Witz wie dem folgenden: Jemand wird an einen Psychoanalytiker verwiesen, weil er an Kopfschmerzen leidet, an Blutandrang zum Kopf und an Ohrensausen. Auf dem Weg zum Psychoanalytiker kommt er an einem Hemdengeschäft vorbei. Es fällt ihm ein, daß er neue Hemden braucht. Er tritt ein und verlangt eine bestimmte Hemdensorte.

„Kragenweite?" fragt die Verkäuferin.

„42" lautet die Antwort.

„Sie brauchen aber 43, glauben Sie mir."

„Geben Sie mir 42, und basta."

„Gut, aber wundern Sie sich dann nicht, wenn Sie an Kopfschmerzen, an Blutandrang zum Kopf und an Ohrensausen zu leiden beginnen."

Auch die Pharmakopsychiatrie läßt sich an Hand eines Witzes erläutern. Ein SS-Mann sitzt in der Eisenbahn einem Juden gegenüber. Der packt einen Hering aus und verzehrt ihn, aber den Kopf packt er wieder ein und steckt ihn ein.

„Wozu machen Sie das?" will der SS-Mann wissen.

„Im Kopf ist das Gehirn, und das bringe ich meinen Kindern, denn wenn sie das essen, dann werden sie gescheit."

„Können Sie mir den Kopf von dem Hering nicht verkaufen?"

„Warum nicht?"

„Was kostet der?"

„Eine Mark."

„Da haben Sie eine Mark", und der SS-Mann ißt den Kopf auf.

Fünf Minuten später beginnt er zu toben: „Sie Saujud, Sie, der ganze Hering kostet 10 Pfennig, und Sie verkaufen mir den Kopf für eine Mark!"

Daraufhin der Jude ganz ruhig: „Sehen Sie, er beginnt schon zu wirken."

Auch der Unterschied zwischen kausaler und bloßer Symptombehandlung läßt sich anhand eines Witzes erläutern: In der Sommerfrische wird ein Mann jeden Morgen von einem Hahn geweckt, der nur allzu zeitlich zu krähen beginnt. Woraufhin der Sommerfrischler in eine Apotheke geht, sich ein Schlafmittel geben läßt und es dann dem Hahn ins Futter mischt – kausale Therapie!

Hobbys

Wenn von Charakter und Persönlichkeit die Rede ist, bzw. davon, worin sich beide zum Ausdruck bringen, muß auch von Hobbys die Rede sein. Vorausschicken möchte ich nur, daß mir Kaffee sehr viel bedeutet. So habe ich denn auf Vortragsreisen immer eine Koffeintablette bei mir, die ich notfalls, wenn ich vor einem Vortrag nicht die

Möglichkeit habe, einen starken Kaffee zu mir zu nehmen, einnehmen kann. A propos: Da komme ich eines Tages ins Salzkammergut, nach Gmunden, um einen Vortrag zu halten. Unmittelbar davor gehe ich ins Kaffeehaus und bestelle, was man in Wien einen „Kapuziner" nennt, das heißt einen sehr dunklen, also starken Bohnenkaffee – so stark, daß er so dunkelbraun ist wie eben die Kutte eines Kapuziners. Der Kellner bringt mir aber, was man in Wien ein „G'schlader" nennt, einen sehr schwachen, verwässerten Kaffee. Ich eile ins Hotel zurück, um die Koffeintablette einzunehmen, und wer stoppt mich in der Lobby? Ein Kapuziner, aber ein echter Kapuzinermönch. Er hatte aus der Klosterbibliothek ein paar Bücher von mir mitgebracht, damit ich sie mit meinem Autogramm versehe.

Der Klettersport war bis in mein 80. Lebensjahr meine Leidenschaft. Als ich ein Jahr lang nicht Klettern gehen konnte, weil ich den Judenstern tragen mußte, *träumte* ich vom Klettern. Und nachdem mein Freund Hubert Gsur mir zugeredet hatte und ich es dann gewagt hatte, *ohne* Judenstern zur Hohen Wand zu fahren, konnte ich mich nicht enthalten, während wir in die Wand einstiegen (wir hatten uns für den Kanzelgrat entschieden), den Fels buchstäblich zu küssen.

Klettern ist der einzige Sport, von dem sich sagen läßt, daß sich das altersbedingte Nachlassen der groben Kraft durch den inzwischen erfolgten Zuwachs an alpinistischer Erfahrung und raffinierter Klettertechnik kompensieren läßt. Jedenfalls waren die Stunden, die ich in Felswänden herumkletterte, die einzigen, in denen ich mich garantiert nicht mit meinem nächsten Buch befaßt oder mit meinem nächsten Vortrag beschäftigt habe. Und es ist eigentlich gar nicht so übertrieben, wenn Juan Battista Torello[8a], wie er einmal in der Österreichischen Hochschulzeitung schrieb, mich im Verdacht hat, die mir verliehenen 27 Ehrendoktorate würden mir nicht so viel bedeuten wie die beiden Klettersteige in den Alpen, die mir zu Ehren von ihren Erstbegehern „Frankl-Steige" getauft wurden.

Ich habe bereits erwähnt, das Spannendste für mich seien das Roulettspiel, eine Hirnoperation und eine Erstbegehung. Anschließend müßte ich sagen, das Beglückendste für mich ist, in der Stadt soeben eine Publikation abgeschlossen und das Manuskript abgeschickt zu haben, in den Bergen gerade eine schöne Wand zu durchklettern und die kommende Nacht in einem anheimelnden Zimmer in der Schutzhütte mit einem lieben Menschen zu verbringen. Jedenfalls gehe ich in die Berge (wie andere in die Wüste), um mich zu sammeln, auf einsamen Wanderungen, sagen wir über das Plateau der Rax[9]. Es gibt kaum wichtige Entschlüsse oder eine wichtige Entscheidung, die ich nicht auf solchen einsamen Wanderungen dort droben gefaßt und getroffen hätte.

Aber ich bin nicht nur in den Alpen geklettert, sondern auch in der Hohen Tatra, sogar auf einem sehr schwierigen Grat (mit hartem „t") es dürfte sich um den 4. Grad (mit weichem „d") gehandelt haben, Elli war sogar mit. Und ich bin auch auf dem Tafelberg in Kapstadt, also in Südafrika geklettert, gelegentlich eines Festvor-

Frankl klettert im Yosemite-Valley

trags, den ich aus Anlaß eines Jubiläums der Universität von Stellenbosch halten mußte. Geführt wurde ich vom Präsidenten des südafrikanischen Kletterklubs. Schließlich waren Elli und ich durch reinen Zufall die ersten Schüler der soeben eröffneten Kletterschule im Yosemite-Tal in Amerika.

Freunde von mir glauben auch zu wissen, meine Kletterleidenschaft hänge mit meinem Interesse für eine „Höhenpsychologie" zusammen, wie ich sie erstmalig in einer 1938 erschienenen Arbeit postulierte. Dafür spräche, daß ich bereits an die 67 Jahre alt war, als ich meine ersten Flugstunden nahm. Schon nach ein paar Monaten unternahm ich meine ersten Soloflüge.

Frankl als Pilot in Kalifornien

Auch von weniger ernstzunehmenden Hobbys möchte ich jetzt noch kurz berichten. Für mich bedeuten zum Beispiel Krawatten sehr viel. Ich kann mich in Krawatten verlieben, auch platonisch, das heißt, ich kann sie bewundern, während sie in einer Auslage liegen, also auch dann, wenn ich weiß, daß sie nicht mir gehören und auch nicht mir gehören werden.

Ein Hobby kann soweit gehen, daß man Amateur wird und nicht Dilettant bleibt. Amateur bin ich geworden in Bezug auf das Design von Brillenfassungen. Davon verstehe ich immerhin soviel, daß eine der größten Fachfabriken der Welt mir einen Entwurf unterbreitet hat, bevor die Fassung in Serienproduktion ging. Ich sollte den Entwurf begutachten.

Was dilettieren anlangt, tu' ich es mutig und ungeniert. Ich habe bereits komponiert, eine Elegie wurde von einem Fachmann instrumentiert und von einem Orchester öffentlich aufgeführt und ein Tango in einer Fernsehsendung verwendet.

Vor ein paar Jahrzehnten wurde ich nach Vickersund, eine Autostunde entfernt von Oslo, in ein Nervensanatorium geholt, in dem der Chefarzt ein mehrtägiges Symposium über Logotherapie veranstaltete.

„Wird mich jemand vor meinem Eröffnungsreferat einführen?" fragte ich.

„Ja", meinte er.

„Wer denn?" fragte ich.

„Der neue Ordinarius für Psychiatrie an der Universität Oslo."

„Und weiß er auch was von mir?"

„Er kennt Sie nicht nur, sondern er schätzt Sie auch sehr, und zwar, wie er sagt, seit langem." Ich konnte mich nicht daran erinnern, ihm jemals begegnet zu sein, und war neugierig. Dann erschien er selbst und meinte tatsächlich, er kenne mich seit langem und habe mich immer schon bewundert. Und zwar sei er eines der vielen Kinder des Schammes, also des Tempeldieners von Pohrlitz, einem südmährischen Städtchen, dem Geburtsort meines Vaters.

Zur Zeit der ärgsten Not nach dem Ersten Weltkrieg verbrachte unsere Familie dort die Sommerferien, und mein älterer Bruder war ungemein tüchtig, was das Organisieren von Amateurtheateraufführungen anlangt. Die Aufführungen fanden jeweils in den Höfen von Bauernhäusern statt, auf Brettern, die auf Fässern lagen, und das Ensemble setzte sich aus 13-, 14-, 15-jährigen Burschen und

Mädeln zusammen. Unter ihnen befand auch ich mich. Ich spielte den alten Doktor Stieglitz mit Glatzenperücke und ich spielte den Knieriem aus dem Lumpazivagabundus von Nestroy. Und der weltberühmte Ordinarius für Psychiatrie an der Universität Oslo, Professor Eitinger, der Sohn des Pohrlitzer Schammes – er muß zu der Zeit ein kleiner Bub gewesen sein, denn er ist ein paar Jahre jünger als ich – war vom Knieriem so beeindruckt, daß er die ganzen Jahrzehnte hindurch mein Bewunderer blieb. Von Logotherapie hatte er kaum etwas gehört. Der Viktor Frankl und sein Knieriem, die waren ihm fortan im Gedächtnis geblieben.

Daß ich einmal auch ernstlich eine Art Drama verfaßt habe, wird ausführlich im Vorwort von Hans Weigel zu meinem Buch „…trotzdem Ja zum Leben sagen", also zur Neuausgabe meines KZ-Buchs[10], auf das ich später noch eingehen werde, beschrieben. Zu erwähnen wäre in diesem Zusammenhang auch noch, daß dieses KZ-Buch selbst in ein Drama umgesetzt wurde, und zwar von einem katholischen Priester in Australien. Ein Akt dieses Dramas wurde in Toronto uraufgeführt und zwar sozusagen als Vorspiel zu einem Vortrag von mir, der in dem größten Saal der Stadt, im Theater von Toronto stattfinden mußte. Viktor Frankl kommt im Stück zweimal vor, als KZler und als Kommentator. Der dritte Viktor Frankl, der sich im Saal befand, war ich.

Schulzeit

Es kam der Erste Weltkrieg. Staatsbeamten ging es wirtschaftlich miserabel. Wir verbrachten die Sommer nun nicht mehr in einer Sommerfrische, sondern im Geburtsort meines Vaters, in Pohrlitz (Südmähren). Wir Kinder gingen auf die Bauernhöfe um Brot betteln – und auf die Felder hinaus den Kukuruz stehlen.

In Wien mußte ich mich um drei Uhr nachts in der Wiener Markthalle um Erdäpfel anstellen, bis mich um halb acht Uhr früh meine Mutter ablösen kam, sodaß ich in die Schule gehen konnte. Und das im Winter.

Dann kam die hektische Zwischenkriegszeit. Inzwischen hatte ich mich in die Lektüre von Naturphilosophen wie Wilhelm Ostwald[11] und Gustav Theodor Fechner[12] gestürzt. Mit letzterem war ich aber noch nicht in Berührung gekommen, als ich ein paar Schulhefte vollschrieb und den anspruchsvollen Titel wählte: „Wir und der Weltprozeß". Ich war überzeugt, im Makro- wie im Mikrokosmos walte ein universelles „Ausgleichsprinzip" (in meiner „Ärztlichen Seelsorge" nahm ich ja den Faden solcher Gedankengänge wieder auf).

Und als wir eines Tages doch wieder mit einem Donaudampfer stromaufwärts in eine Sommerfrische (Eferding) fuhren, und ich um Mitternacht auf Deck lag und „den bestirnten Himmel über mir" und das Ausgleichsprinzip „in mir" betrachtete (um auf Kant anzuspielen), wurde mir das „Aha-Erlebnis" zuteil: Das Nirwana ist der Wärmetod „von innen gesehen".

Es läßt sich verstehen, welchen Eindruck später Fechner mit seiner „Tagesansicht gegenüber der Nachtansicht" auf mich machte – wie faszinierend aber auch, noch später, Sigmund Freuds „Jenseits des Lustprinzips" auf mich wirkte. Womit wir auch schon vor meiner Konfrontation mit der Psychoanalyse stünden.

Noch in der Unterstufe der Mittelschule war ich Vorzugsschüler gewesen. Dann aber begann ich, meine eigenen Wege zu gehen. Ich ging in die Volkshochschule, um Angewandte Psychologie zu hören, interessierte mich aber auch für Experimentelle Psychologie. In der Schule machte ich dann aus einer Redeübung einen Vortrag mit Experimenten, unter anderen einer Demonstration von Veraguths psychogalvanischem Reflexphänomen. Ein Mitschüler mußte herhalten. Als ich, nach einer Reihe anderer Stichworte, den Vornamen seiner Freundin fallen ließ, schlug der Zeiger des Galvanometers – vergrößert an die Stirnwand des Physiksaals projiziert – über deren ganze Breite aus. Damals wurde man in einer solchen Situation noch rot. Aber glücklicherweise war der Raum verdunkelt.

Auseinandersetzung mit der Psychoanalyse

Immer mehr aber wurden meine Redeübungen und meine Schulaufsätze zu Abhandlungen über die Psychoanalyse. Meine Mitschüler wurden von mir immer mehr mit Wissen auf diesem Gebiet versorgt. So wußte jeder, was im Unbewußten unseres Logikprofessors vorgegangen sein mußte, als er eines Tages, mitten im Unterricht, eine Fehlleistung produzierte und nicht von Gattungsbegriffen sprach, sondern „Begattungsgriffe" sagte.

Mein eigenes Wissen bezog ich zunächst von so bedeutenden unmittelbaren Freud[13]-Schülern wie Eduard Hitschmann[14] und Paul Schilder[15], wobei letzterer seine von mir jahrelang besuchten Vorlesungen an der Psychiatrischen Universitätsklinik bereits unter Wagner-Jauregg[16] hielt.

Eduard Hitschmann (oben) und Paul Schilder

Bald begann ich, mit Sigmund Freud zu korrespondieren. Ich sandte ihm Material ein, das von meiner umfangreichen interdisziplinären Lektüre her anfiel und von dem ich annehmen konnte, daß es ihn interessieren würde. Jeder Brief wurde von ihm prompt beantwortet.

Leider wurden alle Briefe und Postkarten von ihm – unsere Korrespondenz zog sich durch meine gesamte Obermittelschulzeit – Jahrzehnte später, als ich ins Konzentrationslager kam, von der Gestapo ebenso konfisziert wie ein paar Krankengeschichten, die der junge Freud an der Psychiatrischen Universitätsklinik verfaßt und mit der Hand geschrieben hatte – der Archivar der Klinik machte sie mir zum Geschenk, als ich selbst an ihr arbeitete.

Eines Tages saß ich wieder einmal in der Prater-Hauptallee auf einer Bank – meinem damals bevorzugten Arbeitsplatz – und brachte zu Papier, was mir „Zur Entstehung der mimischen Bejahung und Verneinung" eingefallen war. Ich legte dies als Manuskript einem Brief bei, der ohnehin an Freud abging. Ich war nicht wenig überrascht, als Freud mir schrieb, er habe es an die „Internationale Zeitschrift für Psychoanalyse" weitergeleitet und er hoffe, daß ich nichts dagegen habe.

Wenige Jahre später, nämlich 1924, ist es in dieser Zeitschrift auch veröffentlicht worden. Meine erste Publikation erschien allerdings bereits 1923, und zwar in der Jugendbeilage einer Tageszeitung. Es entbehrt übrigens nicht der Pikanterie, daß diese Arbeit aus der Feder eines angehenden Psychiaters ausgerechnet mit der Feststellung eröffnet wird, er hasse nichts so sehr wie den gesunden Menschenverstand. (Gemeint hatte ich natürlich das unbesehene Hinnehmen überkommener Denkansätze.)

Wer mich kennt, weiß, daß meine Gegnerschaft zu Freud mich nicht davon abgehalten hat, ihm gebührenden Respekt entgegenzubringen. Vielleicht wird das unter Beweis gestellt durch das Faktum, daß ich als Vizepräsident einer österreichischen Gesellschaft zur Förderung der hebräischen Universität Jerusalem, als es in einer Vorstandssitzung darum ging, eine Spende für ein Universitätsgebäude zu machen und für das betreffende Gebäude einen Namen vorzuschlagen, den Antrag stellte, es sollte „Sigmund Freud Hall" genannt werden.

Mit Freud hatte ich aber nicht nur korrespondiert, sondern ich begegnete ihm auch einmal zufällig. Da war ich aber nicht mehr

Sigmund Freud

Mittelschüler, sondern bereits Medizinstudent. Als ich mich ihm vorstellte, fragte er mich sofort: „Viktor Frankl – Wien, 2. Bezirk, Czerningasse 6, Tür 25 – nicht wahr?"

„Stimmt", bestätigte ich ihm. Anscheinend aufgrund der jahrelangen Korrespondenz mit mir hatte er meine Adresse bereits auswendig gekannt.

Die Begegnung fand zufällig statt – und bereits zu spät: Schon war ich in die Einflußsphäre von Alfred Adler geraten, und schon hatte Adler meine zweite wissenschaftliche Arbeit zur Veröffentlichung in der „Internationalen Zeitschrift für Individualpsychologie" bestimmt (1925 wurde sie publiziert). Welchen Eindruck Freud auf mich machte, nicht zuletzt welch einen zu Adler so durch und durch kontrastierenden Eindruck – dies zu besprechen würde zu weit führen. Kurt Eissler[17], dem das Freud-Archiv in New York untersteht, hatte mich einmal in Wien besucht und bat mich, meine Erinnerungen an diese Begegnung mit Freud eingehend und ausführlich auf einem Tonband festzuhalten, das er dann dem Archiv einverleibte.

Psychiatrie als Berufswunsch

Noch war ich Mittelschüler, als sich mein frühkindlicher Berufswunsch, Arzt zu werden, unter dem Einfluß der Psychoanalyse zu dem Wunsch verdichtete, Psychiater zu werden.

Freilich kokettierte ich eine Zeitlang damit, mich der Dermatologie oder der Geburtshilfe zuzuwenden. Bis mich eines Tages ein anderer Medizinstudent, W. Oesterreicher, der sich später in Amsterdam niederließ, fragte, ob ich denn noch nichts von Søren Kierkegaard gehört hätte? Auf mein Kokettieren mit nicht psychiatrischen Fächern passe nämlich das Wort von Kierkegaard: *verzweifelt nicht man selbst sein wollen.* Ich sei nun einmal für die Psychiatrie begabt, meinte er, und hätte mich daher zu dieser Begabung auch zu bekennen.

Es ist kaum zu glauben, welch eine entscheidende Wendung unseres Lebens wir unter Umständen der einfach so achtlos hingeworfenen Bemerkung eines anderen zu verdanken haben. Jedenfalls war ich von nun an fest entschlossen, der „psychiatrischen Selbstverwirklichung" nicht mehr davonzulaufen.

Bin ich aber auch wirklich für die Psychiatrie begabt? – fragte ich mich. Eines weiß ich: Wenn dem so ist, dann hängt diese Begabung mit einer anderen zusammen, nämlich mit meiner karikaturistischen Begabung.

Als Karikaturist nehme ich ebenso wie als Psychiater zunächst einmal die Schwächen eines Menschen wahr. Nur daß ich als Psychiater oder zumindest als Psychotherapeut außerdem über die (faktischen) Schwächen hinaus intuitiv der (fakultativen) Möglichkeiten ansichtig werde, die Schwächen zu überwinden, und über die Jämmerlichkeit einer Situation hinaus immer noch Möglichkeiten aufspüre, der Situation einen Sinn abzuringen und so denn auch noch *ein scheinbar sinnloses Leiden in eine echte menschliche Leistung zu verwandeln.* Und im Grunde bin ich davon überzeugt, daß es eigentlich keine Situation gibt, die nicht irgendeine Sinnmöglichkeit in sich schlösse. Zu einem wesentlichen Teil wird ja diese Überzeugung von der Logotherapie thematisiert und systematisiert.

Doch was wäre die psychiatrische Begabung ohne ein psychiatrisches Bedürfnis? Fragen wir uns also nicht nur, was jemanden dazu befähigt, Psychiater zu werden, sondern auch, was jemanden

Selbstkarikatur von Frankl

dazu veranlaßt! Ich glaube, daß für den Unreifen die Verlockung, die von der Psychiatrie ausgeht, in dem Versprechen liegt, *Macht über andere* zu gewinnen, sie zu beherrschen, sie zu manipulieren. Wissen ist Macht, und so verleiht uns unser Wissen über Mechanismen, die den anderen nicht, uns selbst aber eben sehr wohl bewußt sind, zunächst einmal eines: Macht über die anderen.

Am augenfälligsten wird das im Falle der *Hypnose*. Ich muß gestehen, daß ich mich in der Jugend auch für Hypnose interessierte – und bereits im Alter von fünfzehn Jahren richtiggehend hypnotisieren konnte.

In der „Psychotherapie für den Alltag" beschreibe ich, wie ich noch als Mediziner auf der gynäkologischen Abteilung des Rothschildspitals hospitierte und einmal als Narkotiseur eingesetzt wurde. Mein Chef, Primarius Fleischmann, gab mir eines Tages den zwar ehrenvollen, aber nichts weniger als aussichtsreichen Auftrag, ein altes Weiblein zu hypnotisieren. Sie sollte operiert werden, hätte aber eine regelrechte Narkose nicht vertragen. Die Lokalanästhesie kam aus irgendeinem Grund anscheinend ebenfalls nicht in Frage. So versuchte ich denn tatsächlich, die arme Frau auf hypnotischem Wege völlig schmerzfrei zu bekommen. Dieser Versuch glückte mir vollends.

Nur daß ich die Rechnung ohne den Wirt gemacht hatte! Denn in die Lobeshymnen der Ärzte und in die Dankesworte der Patientin mengten sich alsbald die bittersten und heftigsten Vorwürfe jener Krankenschwester, die bei der Operation instrumentieren mußte. Sie hatte, wie sie mir nachher vorhielt, während der ganzen Operation unter Aufgebot der letzten Willenskraft gegen die Schläfrigkeit ankämpfen müssen, die durch meine monotonen Suggestionen nicht nur bei der Kranken, sondern auch bei ihr, der Schwester, hervorgerufen wurde.

Ein andermal passierte mir als jungem Arzt im neurologischen Krankenhaus Maria Theresien-Schlössel folgendes: Mein Chef, Professor Gerstmann[18], hatte mich gebeten, bei einem Patienten, der in einem Zweibettzimmer untergebracht war, den ersehnten Schlaf durch Hypnose herbeizuführen. Spät abends schlich ich mich ins Zimmer, setzte mich ans Bett des betreffenden Kranken und wiederholte mindestens eine halbe Stunde hindurch die folgenden Suggestionen: „Sie sind ganz ruhig, Sie sind angenehm müde, Sie werden immer schläfriger, Sie atmen ganz ruhig, die Augenlider werden schwer, alle Sorgen sind wie fern – bald werden Sie schlafen."

So fuhr ich eine halbe Stunde lang fort. Aber als ich mich davonschleichen wollte, mußte ich enttäuscht feststellen, daß ich dem Manne nicht geholfen hatte.

Wie erstaunt war ich, als ich am nächsten Morgen, beim Betreten seines Zimmers begeistert empfangen wurde mit dem Ausruf: „Wunderbar habe ich diese Nacht geschlafen: Wenige Minuten, nachdem Sie zu sprechen begonnen hatten, war ich in tiefen Schlaf versunken." Es war der andere Patient, der Nachbar jenes Kranken, den ich hätte hypnotisieren sollen.

Das Ausmaß meiner Macht als Psychiater wird jedenfalls mitunter auch überschätzt. Erst vor kurzem ruft mich – um drei Uhr früh – eine Dame aus Kanada an, und dann stellt sich heraus, daß ich für die Kosten des Gesprächs aufkommen soll. Auf meinen Hinweis, daß ich die betreffende Dame gar nicht kenne, wurde mir gesagt, es handle sich um eine lebenswichtige Angelegenheit. Ich übernahm also die Kosten des Telefonats und ich merkte, daß ich es mit einem Fall von Paranoia zu tun hatte. Die Dame fühlte sich vom CIA verfolgt und war überzeugt, daß ich der einzige Mensch auf der Welt sei, der ihr helfen und sie schützen könnte, der also soviel Macht besäße, daß er dies vermöchte. Ich mußte die Frau enttäuschen. Aber ich konnte sie nicht so enttäuschen, daß ich hätte verhindern können, daß sie in der nächsten Nacht, wieder um drei Uhr früh, noch einmal anrief. Diesmal lehnte ich es allerdings ab, die Kosten für den CIA zu übernehmen ...

Der Einfluß des Arztes

Macht hin, Macht her; ich halte es mit John Ruskin[19], der einmal gesagt hat: „Es gibt nur eine Macht: die Macht zu retten. Und es gibt nur eine Ehre: die Ehre zu helfen." Im Jahre 1930 muß es gewesen sein, als ich in einer Wiener Volkshochschule im Gymnasium in der Zirkusgasse einen Kurs über seelische Krankheiten, ihre Entstehung und ihre Verhütung (wohlgemerkt: nicht ihre Erkennung und ihre Behandlung) gehalten habe. Ich erinnere mich, wie ich eines Abends, es dämmerte bereits, doch der Hörsaal bzw. das Klassenzimmer war noch nicht beleuchtet, einem intensivst zuhörenden Publikum von ein paar Dutzend Leuten auseinandersetzte, welche Bedeutung der Sinnorientierung zukommt, und daß das Leben bedingungslos Sinn hat. Und ich spürte ganz genau, daß diese Leute empfänglich waren für meine Worte, daß ich sie erreicht hatte, daß ich ihnen etwas mit auf den Weg gegeben hatte, daß sie irgendwie Ton waren in des Töpfers Hand. Mit einem Wort daß ich von der „Macht zu retten" Gebrauch gemacht hatte.

Und wie heißt es im Talmud: *Wer auch nur eine Seele gerettet hat, ist dem gleich zu erachten, der eine ganze Welt gerettet hätte.*

Ich erinnere mich in diesem Zusammenhang auch an die nicht mehr ganz junge Tochter eines weltberühmten Zoologen, die 1930 während meiner ersten Anstellungszeit in der Nervenheilanstalt „Am Rosenhügel" meine Patientin war. Sie litt an einer schweren Zwangsneurose und lag dort bereits seit vielen Jahren. Wieder war es Dämmerung, ich saß in ihrem Zimmer, einem Zweibettzimmer, am Rand des leeren zweiten Bettes und sprach eindringlich auf sie ein. Ich setzte alles daran, sie dazu zu bewegen, daß sie sich von ihrem Zwangsverhalten distanziere. Ich ging auf alle ihre Argumente ein, widerlegte alle ihre Befürchtungen. Sie wurde immer ruhiger, immer freier, immer weniger deprimiert. Jedes einzelne Wort von mir fiel sichtlich auf fruchtbaren Boden. Und wieder spürte ich – Ton in des Töpfers Hand ...

Philosophische Fragen

Während ich mich solcherart für die Psychiatrie im allgemeinen, im besonderen aber für die Psychoanalyse begeisterte, ließ mich die *Philosophie* nicht mehr los. An der Volkshochschule gab es eine philosophische Arbeitsgemeinschaft, die von Edgar Zilsel geleitet wurde. Im Alter von fünfzehn oder sechzehn Jahren hielt ich in diesem Rahmen einen Vortrag über nicht mehr und nicht weniger als den *Sinn des Lebens*. Bereits damals entwickelte ich zwei meiner Grundgedanken: Daß wir nach dem Sinn des Lebens eigentlich nicht fragen dürften, da wir selbst es sind, die da befragt werden: Wir sind es, die zu antworten haben auf die Fragen, die uns das Leben stellt. Und diese Lebensfragen können wir nur beantworten, indem wir unser Dasein selbst verantworten.

Der andere Grundgedanke aber besagt, daß der letzte Sinn über unser Fassungsvermögen hinausgeht, hinausgehen muß, mit einem Wort, daß es sich um einen Übersinn handelt, wie ich ihn nannte, *aber nicht etwa im Sinne von etwas Übersinnlichem.* An ihn können wir nur glauben. An ihn müssen wir aber auch glauben. Und wenn auch nur unbewußt, so glaubt doch jeder von uns ohnehin immer schon an ihn.

Es muß beiläufig zur selben Zeit, also im selben Alter, gewesen sein – ich sehe mich noch an der Stelle in der Taborstraße, wo ich an einem Sonntagnachmittag auf einem der für mich so typischen Spaziergänge dem, ich möchte sagen, hymnischen Gedanken nachhing: *Gesegnet das Schicksal, geglaubt sei sein Sinn.*

Das heißt, alles, was einem zustößt, muß irgendeinen letzten Sinn haben, eben einen Übersinn. Aber diesen Übersinn kann man nicht wissen, an den muß man eben glauben. Letzten Endes handelt es sich um eine Wiederentdeckung des von Spinoza propagierten *amor fati*, der Liebe zum Schicksal.

Glaube

Was nun den Glauben anbelangt, habe ich mich zu diesem Thema zur Genüge ausgelassen. Der gegenseitigen Abgrenzung von Psychotherapie und Theologie, oder, um mit Fritz Künkel[20] zu sprechen, dem Unterschied zwischen Seelenheilkunde und Seelenheil-Kunde ist ein ganzer Teil meines literarischen Lebenswerks gewidmet.

Erstens einmal kommt es jeweils darauf an, in welchem Zusammenhang ich zum Thema Glauben Stellung nehme – ob ich als Psychiater spreche oder als Philosoph, als Arzt oder einfach als Mensch. Zweitens habe ich ja verschiedene Entwicklungsstufen hinter mich gebracht – als Kind war ich fromm, aber dann – in der Pubertät – passierte ich auch eine atheistische Phase.

Und drittens ist zu berücksichtigen, daß es auch auf den Adressaten ankommt, auf das Publikum, an das ich mich wende. Es wird mir nicht einfallen, vor Fachpsychiatern, wenn von der Logotherapie als einer Psychotherapiemethode und -technik die Rede ist, private und persönliche Glaubensbekenntnisse abzulegen. Der Sache, nämlich der Verbreitung der Logotherapie, wäre damit nicht gedient, und dafür bin ich schließlich verantwortlich.

In meinen letzten Publikationen komme ich wiederholt auf die Frage zu sprechen, was purer Zufall sei und wann hinter scheinbarem Zufall ein höherer oder ein tieferer, ein letzter Sinn stehen könne.

Dazu fällt mir folgende Geschichte ein: Eines Tages gehe ich in Wien an der Votivkirche vorbei, die ich immer schon sehr geliebt habe, weil sie zwar keine echte, aber reine Gotik ist. Bis zu diesem Zeitpunkt war ich niemals drinnen gewesen, jetzt aber höre ich Orgelklänge. Ich schlage meiner Frau vor, daß wir uns eine Weile hineinsetzen.

Kaum kommen wir hinein, hört das Orgelspiel auf, der Pfarrer betritt die Kanzel und beginnt mit seiner Predigt. Und er beginnt von der Berggasse 19 zu sprechen und vom „gottlosen" Sigmund Freud. Dann sagt er: „Aber wir brauchen nicht so weit zu gehen, nicht bis zur Berggasse. Gleich hinter uns in der Mariannengasse Nummer 1 wohnt ein Viktor Frankl, er hat ein Buch verfaßt, die Ärztliche Seelsorge, ein ‚gottloses' Buch, fürwahr." Und er beginnt, mein Buch, wie man in Wien so schön sagt, zu verreißen. Ich habe mich ihm dann vorgestellt, aber gefürchtet, der Schlag könnte ihn treffen. Er hatte natürlich nicht damit gerechnet, daß ich dort war. Ich aber frage: Wie viele Minuten sind von meiner Geburt bis zu seiner Predigt vergangen, also bis zu meinem Entschluß, die Votivkirche *doch* einmal zu betreten? Wie gering also ist die Wahrscheinlichkeit, daß ich sie gerade in der Minute betrete, in der der Pfarrer von *mir* predigt?

Ich halte dies für die einzig angemessene Einstellung angesichts solcher Zufälle: daß man von vornherein darauf verzichtet, sie zu erklären. Ich bin zu dumm, sie zu erklären, aber zu klug, um sie zu verleugnen.

Zurück zu meinem fünfzehnten, sechzehnten Lebensjahr. Ich begann also zu philosophieren. Noch war ich aber zu unreif, um der *psychologistischen Versuchung* zu widerstehen. Erst in meiner Matura-Arbeit, der ich den Titel „Zur Psychologie des philosophischen Denkens" gab und eine noch ganz und gar psychoanalytisch orientierte Pathographie über Arthur Schopenhauer anschloß, gab ich es wenigstens auf, a priori für falsch zu halten, was krank ist. Wie ich es in meiner „Ärztlichen Seelsorge" später formulierte: „Zwei mal zwei ist vier, auch wenn ein Schizophrener es behauptet."

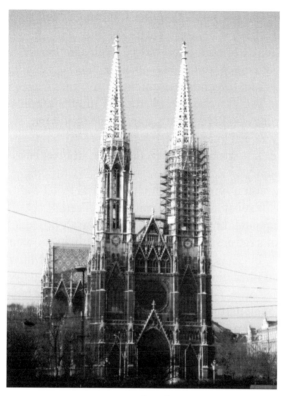

Votivkirche

Zur psychologistischen trat aber auch noch die *soziologistische* Versuchung hinzu. War ich doch als Mittelschüler Jahre hindurch Funktionär der Sozialistischen Arbeiterjugend und 1924 eine Zeitlang geschäftsführender *Obmann der sozialistischen Mittelschüler von ganz Österreich*. Meine Freunde und ich strolchten halbe Nächte lang durch den Prater und diskutierten nicht nur die Alternativen Marx oder Lenin, sondern auch die Alternativen Freud oder Adler.

Welchem Thema war nun die Arbeit von mir gewidmet gewesen, die Adler in seiner Zeitschrift herausbrachte? Dem Thema, das sich wie ein roter Faden durch alle Arbeiten von mir zieht: *die Aufhellung des Grenzgebiets, das sich zwischen Psychotherapie und Philosophie erstreckt, unter besonderer Berücksichtigung der Sinn- und Wertproblematik der Psychotherapie*. Und ich muß sagen, ich kenne kaum jemanden, der mit dieser Problematik so sehr gerungen hätte wie ich mein ganzes Leben lang.

Dies ist *das Leitmotiv*, das hinter allen meinen Arbeiten steht. Das Motiv aber, das mich dazu bewog, sie zu erstellen, war die Überwindung des Psychologismus auf dem Gebiet der Psychotherapie, wie er für gewöhnlich mit einem „Pathologismus" einhergeht. Beide aber sind Aspekte eines umfassenderen Phänomens, nämlich des Reduktionismus, zu dem ja auch Soziologismus und Biologismus gehören. Der Reduktionismus ist jedenfalls der Nihilismus von heute. Er reduziert den Menschen um nicht mehr und nicht weniger als eine ganze Dimension, und zwar die menschliche Dimension. Er projiziert das spezifisch Humane aus dem Raum des Menschlichen heraus in die subhumane Ebene. Mit einem Wort, der Reduktionismus ist ein Subhumanismus, wenn ich so sagen darf.

Begegnung mit der Individualpsychologie

Zurück zu Adler: 1925 war meine Arbeit „Psychotherapie und Weltanschauung" in seiner Internationalen Zeitschrift für Individualpsychologie herausgekommen. 1926 folgte eine weitere. In demselben Jahr mußte ich auf dem Internationalen Kongreß für Individualpsychologie, der in Düsseldorf stattfand, ein Haupt- und Grundsatzreferat halten, konnte dies aber nicht mehr, ohne bereits von der orthodoxen Linie abzuweichen: Ich bestritt nämlich, daß die Neurose auch wirklich überall und allemal, im Sinne der Lehre von ihrem „Arrangementcharakter", ein bloßes Mittel zum Zweck sei. Ich beharrte vielmehr auf der Alternative, sie (nicht als bloßes „Mittel", sondern auch) „als Ausdruck" zu interpretieren, also nicht nur im instrumentalen, sondern auch in einem expressiven Sinne.

Dies war meine erste Vortragsreise und ich unterbrach sie auf dem Hinweg in Frankfurt am Main und auf dem Rückweg in Berlin. In Frankfurt am Main – es ist kaum zu glauben, eher zum Lachen – hielt ich, der 21jährige Medizinstudent, auf Einladung der Sozialistischen Arbeiterjugend wieder einmal einen Vortrag über den Sinn des Lebens. Zum Vortrag marschierten ganze Kolonnen von Jugendlichen, Fahnen tragend, von einem Treffpunkt und

Alfred Adler (1934)

Sammelplatz. Auf der Rückreise hielt ich in Berlin einen Vortrag im Rahmen der Gesellschaft für Individualpsychologie.

1927 spitzte sich mein Verhältnis zu Adler immer mehr zu. Ich war in den Bann zweier Männer geraten, die mich nicht nur als Menschen beeindruckten, sondern auch sonst auf das Nachhaltigste beeinflußten: Rudolf Allers[21] und Oswald Schwarz[21]. Unter Allers begann ich, an dem von ihm geleiteten Sinnesphysiologischen Laboratorium experimentell zu arbeiten. Schwarz wiederum – der Begründer der Psychosomatischen Medizin und einer Medizinischen Anthropologie – erwies mir die Ehre, mir ein Vorwort zu einem Buch zu schreiben, das ich für den individualpsychologischen Verlag Hirzel verfassen mußte. Es konnte dann aber nicht mehr gedruckt werden, weil ich inzwischen aus dem Verein für Individualpsychologie ausgeschlossen worden war (eine Kurzfassung der Hauptgedanken dieses „abortiven" Buches erschien 1939 in der „Schweizerischen medizinischen Wochenschrift"). In seinem

Vorwort meinte Schwarz, mein Buch bedeute für die Geschichte der Psychotherapie dasselbe wie Kants „Kritik der reinen Vernunft" für die Philosophie. Und er war wirklich davon überzeugt.

Um diese Zeit durchschaute ich endgültig meinen eigenen Psychologismus. Vollends wurde ich durch Max Scheler[22] aufgerüttelt, dessen „Formalismus in der Ethik" ich wie eine Bibel mit mir herumtrug. Es war höchste Zeit für solche Selbstkritik des eigenen Psychologismus. Schon hatte mich der weise *Bohemien* unter den Adlerianern, Alexander Neuer, ins Literatencafé von Wien, „Herrenhof", zu einer Aussprache eingeladen. Er rechnete mir zunächst einmal vor, daß mir, soweit er aufgrund einer Reihe von Manuskripten von mir hatte feststellen können, gegenüber Max Plancks Versuch, das Problem der Willensfreiheit zu lösen und gegenüber den Begründern der Gestaltpsychologie Prioritäten zukämen. Dann aber hub er an, mich, wiederum aufgrund meiner Manuskripte, leidenschaftlich als einen „Renegaten des Geistes" zu verurteilen. Das „saß". Und ich war für keine Kompromisse mehr zu haben.

Dann kam noch immer 1927 der Abend, an dem Allers und Schwarz ihren bereits vorher angekündigten Austritt aus dem Verein für Individualpsychologie *coram publico* vertraten und begründeten. Die Sitzung fand im Großen Hörsaal des Histologischen Instituts der Universität Wien statt. In den letzten Reihen saßen ein paar Freudianer, die schadenfroh das Schauspiel betrachteten, wie es Adler nun nicht anders erging als zuvor Freud, aus dessen Wiener psychoanalytischer Vereinigung Adler seinerzeit ja ebenfalls ausgetreten war. Wieder gab es eine „Sezession". Adler aber machte die Anwesenheit der Psychoanalytiker nur um so empfindlicher.

Als Allers und Schwarz ihre Ausführungen beendet hatten, lag große Spannung in der Luft. – Wie würde Adler reagieren? Wir warteten vergeblich. Entgegen seiner Gewohnheit meldete er sich nicht zu Wort. Peinliche Minuten vergingen. Ich saß wie er in der ersten Reihe, zwischen uns eine Schülerin von Adler, von deren Vorbehalten gegenüber seiner Lehre Adler ebensowohl wußte wie von den meinen. Endlich wandte er sich uns beiden zu und höhnte: „Nun, ihr Helden?" Er meinte damit, wir sollten doch nicht feige sein, sondern mutig Farbe bekennen und uns zu Wort melden.

So blieb mir nichts anderes übrig, als vor die anderen zu treten und ihnen auseinanderzusetzen, inwiefern die Individualpsychologie noch immer über den Psychologismus hinauszuwachsen hätte. Und ich beging den Fehler, mich quasi vor dem Feinde, den Psychoanalytikern, zu Schwarz zu bekennen, ja ihn als „meinen Lehrer" zu apostrophieren. Was half es da, wenn ich auch noch so beteuerte, ich sähe keinen Grund, aus dem Verein für Individualpsychologie auszutreten, denn die Individualpsychologie könnte ihren Psychologismus aus eigener Kraft hinter sich lassen. Vergeblich mühte ich mich, zwischen Allers, Schwarz und Adler zu vermitteln.

Adler wechselte seit diesem Abend kein Wort mehr mit mir und erwiderte keinen Gruß von mir, wenn ich, wie es Abend für Abend üblich gewesen war, das Café Siller betrat und mich seinem Stammtisch näherte, an dem er Hof hielt. Er konnte es eben nicht verwinden, daß ich nicht bedingungslos für ihn eingetreten war.

Wiederholte Male ließ er mir nahelegen, ich möchte doch aus dem Verein austreten, während ich dazu nach wie vor keinen Grund sah. Ein paar Monate später wurde ich schließlich in aller Form aus dem Verein für Individualpsychologie ausgeschlossen.

Für mich bedeutete dieser „Exodus" sehr viel. Ein Jahr lang hatte ich eine individualpsychologische Zeitschrift herausgegeben, „Der Mensch im Alltag", die nun selbstverständlich über kurz oder lang ihr Erscheinen einstellen mußte. Aber auch sonst hatte ich mein Forum verloren. Nur wenige unter den Individualpsychologen hielten mir, wenn schon nicht wissenschaftlich, so doch wenigstens menschlich die Treue. Dankbar gedenke ich in diesem Zusammenhang des so früh dahingegangenen Erwin Wexberg[23], Rudolf Dreikurs[24] und last but not least Alfred Adlers Tochter Alexandra.

Nur soll mir niemand mehr damit kommen, die Logotherapie sei bloß „Adlerian psychology at its best", und es gebe daher keinen Grund, sie als eine Forschungsrichtung *sui generis* auszugeben und ihr eigens einen Namen zu geben. Ich pflege auf dergleichen Vorhaltungen wie folgt zu reagieren: Wer wäre legitimiert, zu entscheiden, ob die Logotherapie nun wirklich noch Individualpsychologie ist oder aber längst nicht mehr – wer anders als Adler? Und er bestand nun einmal darauf, daß ich aus dem Verein für Individualpsychologie ausgeschlossen werde. *Roma locuta causa finita.*

Die Anfänge der Logotherapie

Inzwischen war von Fritz Wittels[25], der die erste Freud-Biographie geschrieben hatte, von Maximilian Silbermann und von mir der *Akademische Verein für medizinische Psychologie* gegründet worden, und ich wurde zu seinem Vizepräsidenten gewählt. Silbermann war Präsident, und seine Nachfolger waren Fritz Redlich[26] und Peter Hofstätter[27]. Im Beirat jedoch saßen Freud, Schilder und was sonst noch Rang und Namen hatte im Wien der zwanziger Jahre, dem Mekka der Psychotherapie. In diesem Verein gab es nun eine Arbeitsgemeinschaft, in deren Rahmen ich 1926 einen Vortrag hielt und erstmalig in der akademischen Öffentlichkeit von *Logotherapie* sprach. Die alternative Bezeichnung *Existenzanalyse* gebrauchte ich erst von 1933 an. Zu dieser Zeit hatte ich mein Gedankengut allerdings bis zu einem gewissen Grade systematisiert.

So hatte ich bereits 1929 die Unterscheidung von drei Wertgruppen beziehungsweise der drei Möglichkeiten konzipiert, dem Leben – bis zu dessen letztem Augenblick, bis zum letzten Atemzug – einen Sinn abzugewinnen. Diese drei Möglichkeiten, dem Leben einen Sinn abzugewinnen, sind: *eine Tat*, die wir setzen, *ein Werk*, das wir schaffen, oder ein *Erlebnis, eine Begegnung und Liebe*. Aber auch dann, wenn wir mit einem unabänderlichen Schicksal konfrontiert sind (sagen wir mit einer unheilbaren Krankheit, einem inoperablen Karzinom) – selbst dann können wir dem Leben einen Sinn abringen, indem wir Zeugnis ablegen von der menschlichsten unter den menschlichen Fähigkeiten: der Fähigkeit, das Leid in eine menschliche Leistung zu transfigurieren.

Es war bekanntlich Wolfgang Soucek, der die Logotherapie offiziell als *Dritte Wiener Richtung der Psychotherapie* bezeichnet hat. Man könnte sagen, an ihrem Schöpfer hat sich das Haeckelsche biogenetische Grundgesetz bewahrheitet, demzufolge die Ontogenese die Phylogenese verkürzt wiederholt: Denn irgendwie bin ich durch die zwei ersten Richtungen der Wiener Psychotherapie persönlich hindurchgegangen. Man kann wohl sagen, auch abgekürzt, denn 1924 ist – wie gesagt – auf Veranlassung von Sigmund Freud in seiner *Internationalen Zeitschrift für Psychoanalyse* eine Arbeit von mir erschienen. Bereits ein Jahr später, nämlich 1925, erschien eine andere auf Veranlassung von Alfred Adler in

Frankl als Medizinstudent 1929

dessen Zeitschrift. Ich kann also behaupten, daß ich an der Entwicklung der Psychotherapie teilgenommen habe, gleichzeitig aber auch, daß ich das eine oder andere vorweggenommen habe. Ich erwähne nur die *Paradoxe Intention*, die 1929 von mir bereits praktiziert wurde und unter diesem Namen 1939 in einer Publikation von mir vorkommt. Hervorragende Kenner der Verhaltenstherapie werden nicht müde darauf hinzuweisen, wie sehr ich mit der Paradoxen Intention die Jahrzehnte später, nämlich in den sechziger Jahren entwickelten lerntheoretisch orientierten Behandlungsmethoden bereits vorweggenommen habe. Ganz zu schweigen von der 1947 bereits detailliert in meinem Buch „Die Psychotherapie in der Praxis" beschriebenen Technik zur Behandlung von Potenzstörungen, wie sie in den siebziger Jahren von Masters[28] und Johnson[28] als „neue" Sextherapie ausgegeben wurde.

Auf die Verhaltenstherapie lasse ich überhaupt nichts kommen. Sie hat, wenn ich so sagen darf, mir im Kampf gegen die Psychoanalyse und natürlich auch gegen eine psychologistische Individualpsychologie die Kastanien aus dem Feuer geholt. Wenn diese beiden Richtungen untereinander verfeindet sind und miteinander streiten, lacht „die dritte (Wiener Richtung)". Ich bin immer froh, wenn es der Logotherapie erspart bleibt, an anderen Richtungen Kritik zu üben, ist sie auch noch so richtig und längst überfällig.

Was aber die Logotherapie selbst anlangt, bezeichnete sie immerhin Gordon Allport[29] in seinem Vorwort zu „Man's Search for Meaning" als „the most significant psychological movement of our day". Juan Battista Torello wiederum sagte, sie stelle das letzte wirkliche System in der Geschichte der Psychotherapie dar. Ich würde sagen, sofern sie es tut, tut sie es Arm in Arm mit der Szondischen[30] Schicksalsanalyse, die ja wirklich hochsystematisiert ist – vorausgesetzt, daß man Arm in Arm auf so verschiedenen Ebenen stehen kann wie Szondi und ich. Ich persönlich halte etwa den Szondi-Test für ein nettes Gesellschaftsspiel, kaum mehr.

Torello hat ja einmal gemeint, ich würde in die Geschichte der Psychiatrie eingehen als derjenige, der die Krankheit des Jahrhunderts, nämlich das *Sinnlosigkeitsgefühl*, therapeutisch angegangen sei. Tatsächlich stimmt es, daß die Logotherapie nicht zuletzt zu diesem Zweck entworfen wurde.

Wenn man aber nach den letzten Ursachen und tiefsten Wurzeln, dem verborgensten Grund meiner Motivation, die Logotherapie zu kreieren, fragt, dann kann ich nur einen nennen, der mich dazu bewogen hat und unermüdlich weiterarbeiten läßt: das Erbarmen mit den Opfern des zeitgenössischen Zynismus, wie er sich in der Psychotherapie breitmacht, in dieser miesen Branche. Mit „Branche" will ich das Kommerzialisierte andeuten und mit „mies" das wissenschaftlich Unsaubere. Wenn die Leute vor einem sitzen, die nicht nur psychisch Leidende sind, sondern durch die Psychotherapie Geschädigte, dann greift es einem ans Herz. Tatsächlich ist der Kampf gegen die depersonalisierenden und dehumanisierenden Tendenzen, die vom Psychologismus in der Psychotherapie ausgehen, ein roter Faden, der sich durch meine ganzen Arbeiten hindurchzieht.

Wir Logotherapeuten haben die eine oder andere Technik entwickelt. Als solche ist ja die *Paradoxe Intention* anerkannt, weniger auch die *Technik des gemeinsamen Nenners*. Zu letzterer fällt mir ein, daß die heute berühmte Schriftstellerin Ilse Aichinger[31] noch als Medizinstudentin zu mir kam – ich glaube, Hans Weigel hatte sie zu mir geschickt. Sie befand sich in dem Dilemma, ob sie einen begonnenen Roman – es war der, der sie dann berühmt gemacht hat – weiterschreiben und zu diesem Zweck ihr Medizinstudium unterbrechen sollte, oder lieber fertig studieren sollte. Wir kamen nach einem längeren Gespräch zu der Entscheidung, daß es wohl weniger problematisch sei, das Studium zu unterbrechen und dann wieder fortzusetzen als die Niederschrift eines Romans aufzuschieben. Der gemeinsame Nenner lautete also: Was wird eher gefährdet, wenn es unterbrochen wird?

Was aber die Paradoxe Intention anlangt, erinnere ich mich daran, wie ich sie einmal angewandt habe, um mir ein Strafmandat zu ersparen: Ich war bei Gelb über eine Kreuzung gefahren. Der mir bis dahin verborgen gebliebene Wachmann kam auf mich zu, ich fuhr ans Trottoir heran, stieg aus und empfing den gravitätisch herantretenden Polizisten mit einer Flut von Selbstbezichtigungen: „Sie haben recht, wie konnte ich nur sowas tun, dafür gibt es keine Entschuldigung, keine Rechtfertigung. Ich bin auch überzeugt, daß ich sowas nicht mehr tun werde, das wird mir eine Lehre sein, aber es war ein absolut strafwürdiges Verhalten."

Der Polizist tat sein Möglichstes, um mich zu beruhigen, und tröstend meinte er: Das könne doch jedem passieren, und auch er sei überzeugt davon, daß ich es nie mehr tun würde.

Aber jetzt zurück zu meinen psychiatrischen Lehr- und Wanderjahren. Konkret zu meiner Abwanderung von der individualpsychologischen Gesellschaft.

Theorie und Praxis: Jugendberatungsstellen

Nach dem Ausschluß aus dem Verein für Individualpsychologie verlagerte sich der Schwerpunkt meiner Interessensphäre von der Theorie zur Praxis. Ich organisierte zuerst in Wien und dann, nach Wiener Muster, in sechs anderen Städten sogenannte Jugendberatungsstellen, in denen Jugendliche in seelischer Not unentgeltlich beraten wurden. Als Berater stellten sich mir Männer wie August Aichhorn[32], Erwin Wexberg und Rudolf Dreikurs ehrenamtlich zur Verfügung. Aber auch Charlotte Bühler[33] erklärte sich wie alle anderen dazu bereit, Ratsuchende in der Wohnung zu empfangen.

Charlotte Bühler

1930 organisierte ich erstmalig eine Sonderaktion zur Zeit der Zeugnisverteilung, was zur Folge hatte, daß in Wien nach vielen Jahren erstmalig kein einziger Schülerselbstmord zu verzeichnen war.

Das Ausland begann sich für diese Arbeit zu interessieren, und ich wurde zu entsprechenden Vorträgen eingeladen. In Berlin traf ich mich zu einem ausgiebigen Gespräch mit Wilhelm Reich[34], der sich für die Jugendberatung interessierte und, um mit mir meine Erfahrungen mit den in diesem Rahmen anfallenden Sexualproblemen zu diskutieren, mich stundenlang in seinem offenen Auto durch Berlin kutschierte. In Prag und Budapest hielt ich Vorträge sogar auf akademischem Boden. So lernte ich in Prag Otto Pötzl[35] kennen, der dann in Wien Nachfolger von Wagner-Jauregg wurde und mir zeitlebens ein väterlicher Freund war.

Von Freud und Adler abgesehen war Pötzl für mich *das* Genie – auch so zerstreut wie eben Genies zu sein pflegen. Was ich jetzt erzähle, ist buchstäblich die Wahrheit: Eines Tages kam er zu mir in die Poliklinik, ich führte ihn in mein Chefzimmer, er stellte den

Otto Pötzl (Vorstand der Neurologisch-psychiatrischen Universitätsklinik Wien von 1928 bis 1945)

Schirm, den er immer bei sich hatte, in den Kleiderständer, nahm Platz und besprach mit mir irgendeinen Fall. Dann verabschiedete er sich, und ich geleitete ihn hinaus. Nach einer Weile kam er zurück – er hatte den Schirm vergessen – nahm den Schirm und ging wieder hinaus. Da bemerkte ich, daß er irrtümlich *meinen* Schirm genommen hatte, und rief ihm nach: „Herr Professor, das ist *mein* Schirm!"

„Entschuldigen Sie", sagte er und nahm sich seinen Schirm. Nachdem er gegangen war, bemerkte ich, daß er *meinen* Schirm gar nicht zurückgegeben hatte. Wieder lief ich ihm nach und sagte: „Verzeihen Sie, Herr Professor, aber diesmal haben Sie beide Schirme mitgenommen."

Daraufhin entschuldigte er sich abermals, kam buchstäblich zum dritten Mal herein, um seinen Schirm zu holen: Beim dritten Mal war es sein Schirm und kein anderer!

Als ich, eingeladen von Margarete Roller von der Deutschen Jugendfürsorge, in Brünn einen Vortrag hielt und wir im Anschluß an den Vortrag in einem Restaurant beisammensaßen, wurde sie plötzlich ganz nachdenklich: Sie war sich dessen bewußt geworden, daß sie Jahrzehnte hindurch mit meinem Vater auf dem Gebiete der Jugendfürsorge zusammengearbeitet hatte und nun eigentlich dasselbe mit seinem Sohn tat.

Tatsächlich hatte mein Vater gemeinsam mit dem Minister Joseph Maria von Bärnreither die Zentralstelle für Kinderschutz und Jugendfürsorge gegründet. In meiner Jugend gab es für mich nichts Langweiligeres als diese Materie. Bis ich mich angeregt durch Margarete Roller eines Tages dabei ertappte, daß – mit der Jugendberatung – auch ich einer auf die psychologische Ebene verlagerten Jugendfürsorge diente.

Aber ich mußte eiligst das Restaurant verlassen, um nach Wien zu fliegen – 1930! In einer viersitzigen, aber von mir als einzigem Passagier belasteten Maschine. Wie sehr ich die Maschine „belastete", wurde festgestellt, indem man mich auf dem Flughafen auf die Waage stellte. Zu dieser Zeit saß auch der Pilot noch im Freien und nicht etwa in einer geschlossenen Kanzel. Jedenfalls fiel dieser Flug, der übrigens mein erster war, in mancherlei Hinsicht recht abenteuerlich aus. Bei alledem wäre es ohne Fliegen nicht möglich gewesen, abends rechtzeitig in Wien zu dem wöchentlichen Kurs zu erscheinen, den ich an der Volkshochschule hielt – und bereits seit 1927 regelmäßig gehalten hatte. Immerhin handelte es sich um den ersten Kurs über Psychische Hygiene, der jemals an einer Wiener Volkshochschule gehalten wurde.

In diesem Zusammenhang fällt mir etwas ein: Wann immer ich einem Mädchen imponieren wollte – und auf mein bloßes Aussehen hin hätte ich es ja nicht können –, nahm ich zu einem kleinen Trick Zuflucht: Nehmen wir an, ich lernte sie auf einem Ball kennen, dann schwärmte ich ihr von einem gewissen Frankl vor, dessen Kurs ich an der Volkshochschule so begeistert besuchen würde, und machte ihr vor, daß sie sich den unbedingt einmal anhören müsse – sie möge doch einmal mit mir hingehen. Und so setzten wir uns eines Abends in den großen Festsaal des Gymnasiums in der Zirkusgasse, in dem der Frankl seinen Kurs zu halten pflegte, da er eine Zeit lang der meistbesuchte war. Wohlweislich setzte ich mich ans Eck einer der vordersten Reihen, und jeder kann sich ausmalen, welchen Eindruck es auf das Mädchen machte, wenn ihr Begleiter sie plötzlich verließ und, vom Publikum mit Applaus begrüßt, das Podium betrat.

Ebenso regelmäßig wie an der Volkshochschule hielt ich aber auch Vorträge in Organisationen der Sozialistischen Arbeiterjugend und in Hunderten solcher Vorträge, an die sich jeweils eine Beantwortung schriftlicher Fragen schloß, sammelte sich in mir ein Erfahrungsgut an, das mit dem verschmolz, was ich im Rahmen der Jugendberatung durch den Kontakt mit Tausenden jugendlicher Ratsuchender gewonnen hatte.

*Frankls erstes Pressefoto aus Anlaß
der von ihm initiierten „Zeugnisberatung" (1930)
vor der Klinik „Am Rosenhügel"*

Vielleicht ist auf diesem Hintergrund die Tatsache zu verstehen, daß Pötzl erstmalig und anscheinend einmalig bei mir eine Ausnahme machte, indem er Otto Kogerer, der an seiner Klinik die Psychotherapeutische Abteilung leitete, die Erlaubnis gab, mich noch als Medizinstudenten, also noch vor meiner Promotion, völlig selbständig psychotherapeutisch arbeiten zu lassen. Nun versuchte ich zu vergessen, was ich von Psychoanalyse und Individualpsychologie gelernt hatte. Ich trachtete, vom Patienten zu lernen – dem Patienten zu lauschen. Ich wollte herausbekommen, wie er es anstellt, wenn sich sein Zustand bessert. Ich begann zu improvisieren.

Nun merkte ich mir wohl, was mir andere sagten, vergaß aber, was ich ihnen gesagt hatte. So geschah es immer wieder, daß ich von meinen Patienten zu hören bekam, wie sie die *Paradoxe Intention* erfolgreich praktiziert hätten, die ich übrigens als solche natürlich erst viel später bezeichnen und (erstmalig 1939 und zwar im „Schweizer Archiv für Neurologie und Psychiatrie") beschreiben sollte. Wenn ich diese Patienten dann fragte, wie sie auf den Gedanken gekommen seien, zu solchen Tricks zu greifen, um mit ihrer Neurose fertig zu werden, dann meinten sie ganz verwundert: „Ja, das alles haben doch Sie mir voriges Mal gesagt." Ich hatte *meine Erfindung* vergessen!

Lehrjahre eines Arztes

Nach meiner Promotion arbeitete ich zunächst einmal unter Pötzl an der Psychiatrischen Universitätsklinik, ging aber dann zwei Jahre lang zu Joseph Gerstmann (nach dem das Gerstmann-Syndrom, also das Angularis-Syndrom, benannt wurde), um mich neurologisch ausbilden zu lassen. Schließlich arbeitete ich vier Jahre lang am Psychiatrischen Krankenhaus „Am Steinhof", wo ich den sogenannten „Selbstmörderinnenpavillon" leitete. Wie ich mir einmal ausgerechnet habe, gingen um diese Zeit nicht weniger als 3000 Patientinnen pro Jahr „durch meine Hände"! Auf diese Weise war schon dafür gesorgt, daß sich mein diagnostischer Blick schärfte.

Während ich auf dem Steinhof war, entwickelte ich meine Theorie vom Corrugatorphänomen[36] als einem Symptom bei floriden schizophrenen Schüben. Ich hielt meine Beobachtungen im Film fest und führte den Film auch vor, als ich in der Wiener Psychiatrischen Gesellschaft zu diesem Thema einen Kurzvortrag hielt.

Die ersten Tage aber, die ich auf dem Steinhof verbrachte, waren schrecklich, vor allem die Nächte. Schreckhafte Träume in Zusammenhang mit psychotischen Erkrankungen machten mir zu schaffen. Mein Chef, Primarius Leopold Pawlicki[37], der Vater des bekannten Wiener Musikers, schärfte mir am ersten Tag ein, ich dürfte den Raum, in dem sich die psychotischen Frauen meines Pavillons tagsüber aufhielten, nicht mit meiner Brille betreten: Ich könnte einen Schlag ins Gesicht bekommen und die Glassplitter der eventuell zerbrochenen Brille könnten buchstäblich ins Auge gehen, ohne daß die Versicherung im Hinblick auf meine Unvorsichtigkeit dafür aufkommen würde. Ich befolgte den Ratschlag meines Chefs und da ich ohne Brille nicht genug sah, bekam ich gleich am ersten Tag einen Fausthieb. Vom nächsten Tag an behielt ich meine Brille auf, konnte daher sofort wahrnehmen, daß sich irgendeine Gestalt vom Hintergrund löste, sich einen Weg auf mich zu bahnte, um mich zu attackieren und es dann aufgeben mußte, weil ich inzwischen – dank meiner Brille alles rechtzeitig wahrnehmend – Reißaus genommen hatte.

Während der vier Jahre, die ich auf dem Steinhof verbrachte, habe ich alle drolligen Aussprüche seitens meiner Patientinnen stenographisch festgehalten. Ich dachte sogar daran, ein Buch herauszugeben unter dem Titel „ ... und Narren reden die Wahrheit" – es heißt ja: Kinder und Narren reden die Wahrheit. Das eine oder das andere ist ja in meine Bücher eingegangen, z.B. die Antwort, die mir eine alte Frau gab, als ich ihr die typische, die Standardfrage stellte, die im Rahmen eines ganz kurzen Intelligenztests gestellt wird: was der Unterschied sei zwischen einem Kind und einem Zwerg. Ihre Antwort lautete: „Mein Gott, Herr Doktor, ein Kind ist halt ein Kind und ein Zwergerl arbeitet in einem Bergwerk." Gerne erzähle ich auch die Antworten, die ich auf meine Frage: „Haben Sie Geschlechtsverkehr bzw. haben Sie schon Geschlechtsverkehr gehabt?" eilends stenographisch festhielt, so ulkig waren sie. Die eine sagte: „Nein." Ich bohrte weiter: „Nie?" Und es kam die Antwort: „No ja, als Kind." Und die andere Antwort, auf die Frage nach dem Geschlechtsverkehr: „Mein Gott, Herr Doktor, grad nur wenn ich vergewaltigt werde, ich komm ja nirgends hin."

Vielleicht darf ich noch erwähnen, daß ich im Zusammenhang

mit dem geplanten Buchtitel „ ... und Narren reden die Wahrheit" darauf hinweisen wollte, daß ja die Theorie, die der Logotherapie zugrunde liegt, in ihrem Kampf gegen den Psychologismus in der Psychotherapie gerade auf den Umstand abhebt, daß was krank ist nicht notwendigerweise falsch sein muß. Diese Theorie pflege ich neuerdings auch als *Logotheorie* zu bezeichnen. Die Logotherapie sagt also dem Pathologismus den Kampf an. Oder, um den Buchtitel anders herum zu beschreiben, nämlich so, wie ich es bereits in meinem ersten Buch getan habe: Zwei mal zwei ist vier, auch wenn es ein Paranoiker behauptet!

1937 etablierte ich dann meine Privatpraxis als Facharzt für Neurologie und Psychiatrie. Dazu fällt mir noch eine Episode ein: Zu Beginn meiner Privatpraxis hatte ich einen Patienten, der mir einige Schwierigkeiten bereitete. Meine Ordination befand sich in der Czerningasse im 4. Stock. Meine Eltern und meine Geschwister waren gerade auf Urlaub, ich war also allein zu Hause. Ein junger, großer und athletisch gebauter Mann, ein Schizophrener, saß mit mir allein in der Wohnung im 4. Stock bei offenen Fenstern, deren Brüstung recht niedrig war. Da bekam er auf einmal einen Wutanfall, beschimpfte und beflegelte mich ganz wüst und traf schließlich Anstalten, mich aus dem Fenster in den Hof hinaus zu stürzen. Ich wäre ihm kräftemäßig nicht gewachsen gewesen. Ich bat ihn aber nicht um mein Leben, ich bettelte überhaupt nicht um irgend etwas, sondern ich tat nur tief gekränkt: „Sehen Sie", sagte ich, „das kränkt mich jetzt wirklich: da setze ich alles daran, um Ihnen zu helfen, und was ist der Dank? Sie kündigen mir Ihre Freundschaft auf. Das hätte ich von Ihnen wirklich nicht erwartet. Jetzt kränke ich mich wirklich."

Daraufhin ließ er von mir ab, ließ sich von mir dazu überreden, in einer Klinik Schutz zu suchen vor seinen „Feinden". Denn dort, sagte ich ihm, sei er für die Feinde nicht greifbar, aber eben *nur* dort. Daraufhin ließ er sich von mir zu einem Taxistandplatz begleiten und noch auf dem Wege dorthin davon überzeugen, daß es doch einfach lächerlich sei, daß er für die Gemeinheit seiner Feinde finanziell aufkommen müsse. Ich schlug ihm vor, mit dem Taxi nicht direkt in die Klinik, sondern zum Polizeikommissariat zu fahren. Die Polizei sollte ihn auf Kosten der Gemeinde Wien mit einem Sanitätsauto in die Klinik bringen, wo er dann automatisch auf Staatskosten, also gratis, verpflegt werden würde.

Der „Anschluß"

Es war mir nicht lange vergönnt, meine Privatpraxis als Facharzt für Neurologie und Psychiatrie ungestört auszuüben. Wenige Monate nachdem ich meine Praxis etabliert hatte, marschierten Hitlers Truppen im März 1938 in Österreich ein. An diesem politisch so ereignisreichen Abend hielt ich ahnungslos einen Vortrag, für den der Kollege, für den ich eingesprungen war, den Titel „Nervosität als Zeiterscheinung" gewählt hatte. Plötzlich riß jemand die Tür auf, ein SA-Mann stand in voller Uniform da. Ja war denn das möglich unter Schuschnigg[38]? fragte ich mich. Sichtlich wollte dieser SA-Mann die Veranstaltung stören und mich zum Abbruch des Vortrags zwingen.

Da dachte ich mir: *Alles* muß möglich sein. Sprich jetzt so, daß er vergißt, das zu tun, was er eigentlich vorhatte! Banne seine Aufmerksamkeit! Und ich sah ihm ins Gesicht und sprach und sprach. Und er blieb wie angewurzelt in der Tür stehen, bis ich eine halbe Stunde später den Vortrag beendet hatte. Das war das rhetorische Bravourstück meines Lebens!

Ich eilte nach Hause, singende, jubelnde und johlende Demonstranten füllten die Praterstraße. Zu Hause fand ich meine Mutter weinend vor, soeben hatte sich Schuschnigg im Radio vom Volk verabschiedet, jetzt spielten sie eine unsäglich traurige Melodie.

Zum Thema aber, zur *Rednergabe*, fällt mir noch etwas ein: Jahre später, als ich schon Primarius an der Neurologischen Poliklinik war, gab ich für meinen Mitarbeiterstab einen Empfang. Meine Frau machte einen Arzt betrunken, nur um herauszubekommen, welchen Spitznamen ich unter meinen Mitarbeitern hatte. Endlich plauderte er es aus. Man nannte mich den „Nervengoebbels". Meine Frau und ich fanden es nicht schlecht. Mein Gott, jedem Tier ist eben eine Waffe gegeben, mit der es sich zur Wehr setzen kann: Krallen, Hörner, Stacheln, Gift oder was auch immer – ich habe eben die Rednergabe. Solange ich das Schlußwort habe, ist mit mir nicht gut Kirschen essen. Die Diskussionsredner, die mich attackieren, haben unter Umständen nichts zu lachen. Die Lacher – nämlich die im Publikum – habe ich auf *meiner* Seite.

Nach dem Einmarsch der Hitlertruppen war es wie verhext. Ich konnte und konnte zu keinem Visum kommen. Dann wurde mir die Leitung der Neurologischen Station am Rothschild-Spital an-

Triumphfahrt Hitlers durch Wien und Kundgebung auf dem Heldenplatz am 15. März 1938

geboten. Ich nahm an. Es war immerhin eine Position, die mir und mit mir meinen alten Eltern einen gewissen Schutz vor dem Transport in ein Konzentrationslager gewährte.

Im Rothschildspital konnte ich aus der Notsituation heraus auch wissenschaftlich arbeiten: Es gab eine Zeit, da wurden bis zu zehn Selbstmordversuche pro Tag eingeliefert. So katastrophal war die Stimmung unter dem Rest der jüdischen Bevölkerung von Wien! In jenen Fällen nun, in denen die Internisten, das heißt vor allem Professor Donath, den betreffenden Patienten als aussichtslos aufgegeben hatten, gab ich verschiedene Stimulantien, zunächst intravenös und, wenn das auch nichts fruchtete, intrazisternal. Mitten im Krieg erschien, gebilligt vom Judenreferenten der nationalsozialistischen Ärztekammer, von mir darüber eine Publikation in der Schweiz, in der *Ars Medici*.

Ich entwickelte in diesem Zusammenhang sogar eine bestimmte Technik der suboccipitalen Gehirnpunktion – eine Technik, die imstande war, eine ganz typische Gefahrenquelle, auf die erst ich aufmerksam machte, auszuschalten. Schließlich ging ich dazu über, auch in jenen Fällen, in denen nicht einmal mehr die intrazisternale Injektion Erfolg gehabt hatte, den Schädel zu trepanieren[39], um das Medikament in einen Seitenventrikel zu instillieren, dabei gleichzeitig durch eine suboccipitale Punktion den vierten Ventrikel zu drainieren, und auf diese Weise das Medikament möglichst rasch in der Strömungsrichtung in den Aquaeductus Sylvii zu bringen, wo es in den nahegelegenen lebenswichtigen Zentren eine beschleunigte Wirkung entfalten konnte. Jedenfalls sind Patienten, die apnoisch und pulslos gewesen waren, auf diese Art und Weise noch bis zu zwei Tagen am Leben geblieben; in tabula haben sie zu hyperventilieren begonnen.

Dabei muß man berücksichtigen, daß ich diese ausgesprochenen Hirnoperationen – Primarius Reich, der Chirurg am Rothschildspital, hatte es abgelehnt, welche zu unternehmen – nur aus Büchern, hauptsächlich aus dem „Dandy"[40], einem medizinischen Lehrbuch, erlernen konnte. Professor Schönbauer erlaubte mir nicht, in seiner Klinik auch nur zuzuschauen, wenn er oder sein Stab hirnchirurgische Eingriffe unternahmen.

Ich arbeitete mich in die Hirnchirurgie so ein, daß ich ganze Hirnoperationen träumte. Der Operationssaaldiener am Rothschildspital, der vorher jahrelang mit Schönbauer zusammengearbeitet hatte, wollte es nicht glauben, als ich ihm sagte, daß ich selbst vorher nie chirurgisch gearbeitet hatte.

Frankl (in der Mitte) mit seinem Mitarbeiterstab im Rothschild-Spital (1940)

Meine Assistentin Frau Dr. Rappaport protestierte dagegen, daß ich Leute, die einen Selbstmordversuch unternommen hatten, zu retten versuchte. Dann kam der Tag, an dem Frau Dr. Rappaport selbst den Befehl erhielt, sich zur Deportation einzufinden. Sie unternahm daraufhin einen Selbstmordversuch, wurde auf meine Abteilung eingeliefert und von mir ins Leben zurückgerufen – und später deportiert.

Ich respektiere den Entschluß eines Menschen, sich das Leben zu nehmen. Ich wünsche aber, daß auch mein Prinzip respektiert werde, das lautet: zu retten, solange ich kann. Ein einziges Mal bin ich diesem Prinzip untreu geworden. Ein altes Ehepaar hatte Doppelselbstmord versucht und war zu uns ins Rothschildspital eingeliefert worden. Die Frau war gestorben. Der Mann lag im Sterben. Man fragte mich, ob ich nicht meine Bemühungen, auch solche Fälle zu retten, an ihm versuchen wollte. Ich brachte es nicht über mich. Denn ich fragte mich, ob ich es wirklich verantworten könnte, diesen Mann ins Leben zurückzurufen, nur damit er – zum Begräbnis seiner Frau gehen könnte ...

Analoges gilt natürlich auch für Menschen, die wissen, daß sie unheilbar krank sind und nicht mehr lange zu leben, aber um so mehr zu leiden haben werden. Selbstverständlich ist auch dieses Leiden noch immer eine Chance, eine äußerste Möglichkeit, sich selbst zu verwirklichen. Und man kann und muß diese grundsätzliche Möglichkeit auch in äußerster Behutsamkeit aufzeigen. Aber verlangen darf man den *Heroismus* solcher Selbstverwirklichung in Grenzsituationen nur von einem, und das ist – man selbst. Das ist genauso problematisch wie die Behauptung, jemand hätte lieber ins Konzentrationslager gehen sollen, als sich den Nazis zu beugen. Das mag zwar richtig sein, aber eigentlich dürfte das nur einer sagen, der es für seine eigene Person unter Beweis gestellt hat, und nicht jemand, der sich im sicheren Ausland aufgehalten hat. Im Nachhinein ist es leicht, über andere zu Gericht zu sitzen.

Die tragische Situation des Judentums im medizinischen Wien unter Hitler hatte natürlich auch tragikomische Seiten. Die vielen jüdischen Ärzte in der Rettungsgesellschaft wurden entlassen und vertrieben und durch junge Naziärzte ersetzt, die oft wenig Erfahrung hatten. Nur so ist es zu erklären, daß eine Patientin, die eines Tages ins Rothschildspital eingeliefert wurde, von dem jungen Rettungsarzt als tot deklariert werden konnte. Auf diese Weise kam sie in die Prosektur, wo sie alsbald nicht nur zum Leben erwachte, sondern zu toben begann und zwar dermaßen, daß sie auf der internen Abteilung in ein Gitterbett gesteckt werden mußte. Ich nehme an, daß es nicht häufig vorkommt, daß eine Patientin von der Prosektur auf eine interne Abteilung transferiert werden muß!

Einer gewissen Drolligkeit entbehrt ja auch nicht die Situation, in die ich mit einem jungen Patienten von mir geriet, der ein schwerer Epileptiker war und den ich durch Medikamente anfallsfrei gemacht hatte. Allerdings bekam er statt dessen sogenannte Äquivalente, und zwar Tobsuchtsanfälle. Um einen derartigen Tobsuchtsanfall handelte es sich auch, als er sich im damals noch von vielen Juden bevölkerten zweiten Bezirk, in der Leopoldstadt, mitten in der Rotensterngasse hinstellte und in aller Öffentlichkeit begann, auf Hitler zu schimpfen. Ich entzog ihm sofort jede Medikation, so daß er alsbald einen Rückfall, das heißt einen epileptischen Anfall bekam, aber dafür vor weiteren lebensgefährlichen Anfallsäquivalenten in Form von Hitlerbeschimpfungen verschont blieb.

Widerstand gegen die Euthanasie

Pötzl, der nichts weniger als ein Antisemit war, aber als Parteianwärter mit dem NSDAP-Abzeichen herumlief, hielt mir mit viel Zivilcourage die Treue und half mir und meinen jüdischen Patienten – andere durften ja damals nicht zu mir kommen – wie er nur konnte. Nicht nur, daß er zu mir ins Jüdische Spital kam, um für die Hirntumorfälle unter meinen Patienten die Transferierung auf die Chirurgische Universitätsklinik durchzusetzen. Mehr als dies: wir sabotierten die von den nationalsozialistischen Behörden organisierte Euthanasie von Geisteskranken.

Ich hatte im jüdischen Altersheim ein paar Gitterbetten entdeckt. Die Gestapo überwachte die strikte Einhaltung der Statuten, nach denen es verboten war, Geisteskranke in das Altersheim aufzunehmen. Ich umging nun diese Klausel, indem ich die Leitung des Altersheims schützte, selbst aber den Kopf in die Schlinge steckte, indem ich ärztliche Zeugnisse ausstellte, die eine Schizophrenie in eine Aphasie, „also ein hirnorganisches Leiden", und eine Melancholie in ein Fieberdelir, also „keine Psychose im eigentlichen Wortsinn" verwandelten. War der Patient einmal im Gitterbett des Altersheims untergebracht, konnte die Schizophrenie zur Not auch auf einer offenen Abteilung mit Cardiazol-Schocks[41] behandelt oder eine melancholische Phase ohne Suizidrisiko überstanden werden.

Pötzl muß davon Wind bekommen haben. Denn auf einmal begann die Klinik Pötzl, wann immer ein jüdischer Patient aufgenommen worden war, das Altersheim davon zu verständigen: „Wir haben einen jüdischen Patienten – übernehmen Sie ihn?" Behutsam und geflissentlich wurde vermieden, die Diagnose einer Psychose auch nur mit einem Wort zu streifen. Es sollte meinen diagnostischen Zaubereien nicht vorgegriffen werden. Wenn schon jemand anderer die Euthanasie sabotierte, sollte seiner Sabotage nichts in den Weg gelegt werden. Und so kam es, daß Angehörige von Nationalsozialisten der Euthanasie zum Opfer fielen, während gleichzeitig die jüdischen Patienten ihr in vielen Fällen entgehen konnten. Ohne Pötzl wäre es nicht möglich gewesen.

Ich erinnere mich, daß ich eines Tages irgendwohin in die Gegend von Purkersdorf in Begleitung einer Fürsorgerin der Kultusgemeinde beordert wurde, um eine Frau und einen Mann abzuholen, die dort bei einem ehemaligen Pflegerehepaar privat untergebracht waren, wo sie aber nun nicht mehr bleiben durften. Auf dem Rückweg saß ich mit der Fürsorgerin in einem Taxi, und vor uns fuhren zwei Taxis mit je einem Patienten. In Hietzing angekommen bemerkte ich plötzlich, wie das eine Taxi in der Richtung unseres eigenen Taxis weiterfuhr, also ins Altersheim, während das andere Taxi nach links abbog.

„Ja wieso denn?" fragte ich die Fürsorgerin.

„Ach ja" sagte sie, „das habe ich vergessen, Ihnen zu sagen. Diese Patientin ist nicht Glaubensjüdin, sondern hat sich irgendwann einmal taufen lassen, und im Altersheim dürfen nur Glaubensjuden aufgenommen werden. Sie muß leider auf den Steinhof gebracht werden."

Welch eine Wegteilung! Geradeaus ging es ins lebensrettende Altersheim, links hinauf via Steinhof in die Gaskammer! Wer hätte sich das träumen lassen, als die arme Frau vor Jahr und Tag aus weiß Gott was für Gründen sich veranlaßt sah, den jüdischen Glauben aufzugeben. Mir lief es kalt den Rücken hinunter, als ich sehen mußte, was alles zum Todesurteil werden kann.

Das Ausreisevisum

Ich hatte jahrelang auf ein Visum warten müssen, das mir die Einreise in die USA ermöglicht hätte. Endlich wurde ich kurz vor dem Eintritt der Vereinigten Staaten in den Krieg schriftlich dazu aufgefordert, im Konsulat der USA zu erscheinen und mir das Visum ausfertigen zu lassen. Da stutzte ich: Sollte ich meine Eltern allein zurücklassen? Ich wußte doch, welches Schicksal ihnen bevorstand: die Deportation in ein Konzentrationslager. Sollte ich also ihnen adieu sagen und sie einfach diesem Schicksal überlassen? Das Visum galt ja ausschließlich für mich!

Unschlüssig verlasse ich das Haus, gehe ein wenig spazieren und denke mir: „Ist das nicht die typische Situation, in der ein Wink vom Himmel not täte?" Als ich heimkomme, fällt mein Blick auf ein kleines Marmorstück, das da auf einem Tisch liegt.

„Was ist das?", wende ich mich an meinen Vater.

„Das? Ach, das habe ich heute auf einem Trümmerhaufen aufgelesen, dort, wo früher die Synagoge gestanden ist, die niedergebrannt worden ist. Das Marmorstück ist ein Stück von den Gesetzestafeln. Wenn es dich interessiert, kann ich dir auch sagen, auf *welches* der zehn Gebote sich der eingemeißelte hebräische Buchstabe da bezieht. Denn es gibt nur *ein* Gebot, dessen Initiale er ist."

„Und zwar?" dringe ich in meinen Vater.

Darauf gibt er mir zur Antwort: „Ehre deinen Vater und deine Mutter, auf daß du lange lebest im Lande ..."

Und so blieb ich „im Lande", bei meinen Eltern, und ließ das Visum verfallen. Das ist die Geschichte vom kleinen Marmorstück.

Mag sein, daß mein Entschluß zu bleiben, im tiefsten Inneren längst feststand und das Orakel in Wirklichkeit nichts als ein Echo der Stimme des Gewissens war. Mit anderen Worten, es handelte sich um einen projektiven Test. Ein anderer hätte an meiner Stelle in dem Marmorstück vielleicht nichts als $CaCO_3$ (Kalziumkarbonat) gesehen – aber wäre das dann nicht ebenso ein projektiver Test gewesen, wenn auch nur die Projektion – seines existentiellen Vakuums ...?

In diesem Zusammenhang möchte ich noch erwähnen, wie ich bald darauf einmal eine psychotherapeutische Technik verwendete, die die Deportation von mir und meinen Eltern möglicherweise um ein Jahr hinauszögerte. Eines Morgens werde ich vom Telefon geweckt, und es meldet sich – die Gestapo, die Geheime Staatspolizei. Ich solle mich um so und soviel Uhr in ihrem Hauptquartier einfinden. Ich fragte: „Soll ich eine zweite Wäschegarnitur mitnehmen?"

„Jawohl", lautete die Antwort – und das bedeutete, daß ich nicht mehr nach Hause zurückkehren, sondern in ein Konzentrationslager geschickt werden würde. Ich kam hin und wurde von einem SS-Mann einem Verhör unterzogen. Er wollte Näheres wissen über einen Herrn, der ins Ausland geflüchtet sei, nachdem er Spionage betrieben hätte. Ich erwiderte, daß ich ihn zwar per Namen kenne, aber mit ihm nicht in Kontakt gewesen sei. Dann werde ich gefragt: „Sie sind doch Psychotherapeut? Wie behandelt man eine Platzangst?" Ich erklärte es ihm.

„Wissen Sie, ich habe nämlich einen Freund, der hat Platzangst. Was soll ich ihm sagen?"

Ich antwortete: „Sagen Sie ihm, wann immer sich die Angst meldet, soll er sich sagen: Ich habe Angst, ich könnte auf der

Straße zusammenfallen? Schön, es ist genau das, was ich mir wünsche: Ich werde zusammenfallen, die Leute werden zusammenlaufen, mehr als das, mich wird der Schlag treffen, der Hirnschlag und der Herzschlag dazu, und so weiter und so weiter." Mit einem Wort, ich instruierte ihn, wie er die logotherapeutische Technik der *Paradoxen Intention* anwenden müsse – im Falle „seines Freundes". Ich hatte natürlich längst erraten, daß es sich um ihn selbst handelte.

So oder so, diese (indirekte) Logotherapie mußte gewirkt haben. Anders hätte ich mir nicht erklären können, wieso – anschließend – meine alten Eltern und ich noch ein ganzes Jahr lang in Wien bleiben konnten und (noch) nicht in ein Konzentrationslager kamen.

Tilly

In Wien geblieben hatte ich dann auch Gelegenheit, im Spital meine erste Frau – Tilly Grosser – kennenzulernen. Sie war Stationsschwester bei Professor Donath. Mir war sie bald aufgefallen, weil sie, wie ich es damals empfand, wie eine spanische Tänzerin aussah. Eigentlich kamen wir aber dadurch zusammen, daß sie mich in sich verliebt machen wollte, um sich an mir wegen ihrer besten Freundin zu rächen, mit der ich etwas angefangen, sie aber dann stehengelassen hatte. Ich erriet das Motiv sofort und sagte es ihr auch auf den Kopf zu. Das beeindruckte sie sichtlich.

Darüber hinaus wäre aber zu sagen, daß das Bemerkenswerte an unserer gegenseitigen Beziehung keineswegs dort zu suchen ist, wo man es vermuten würde; denn ich habe sie *nicht* geheiratet, weil sie so hübsch war, und sie hat mich *nicht* geheiratet, weil ich „so g'scheit" war – und darauf, daß beides eben *nicht* das Motiv war, waren wir beide auch nicht wenig stolz.

Natürlich war ich von ihrer Schönheit beeindruckt, aber imponiert hat mir ihr Wesen, wie soll ich sagen: ihr Naturverstand – ihr Herzenstakt? Dazu möchte ich ein Beispiel erwähnen: Die Mutter von Tilly hätte eines Nachts den Transportschutz, den sie genoß, weil Tilly Stationsschwester war, verlieren sollen. Eines Tages wurde deklariert, dieser Transportschutz gelte nicht mehr für Angehörige. Knapp vor Mitternacht, bevor er ablief, klingelt es: Tilly

Tilly Frankl

und ich sind gerade bei ihrer Mutter zu Besuch. Aber niemand traut sich aufzumachen, denn jeder vermutet, es handle sich um die Einberufung zur Deportation. Endlich macht einer von uns auf – und wer steht vor der Tür? Ein Bote von der Kultusgemeinde, der sie auffordert, am nächsten Morgen ihren Dienst als neuernannte Helferin beim Ausräumen des Mobiliars aus den Wohnungen soeben deportierter Juden anzutreten. Gleichzeitig überreicht er der Schwiegermutter eine entsprechende Bescheinigung, die ihr automatisch wieder Transportschutz gewährt.

Der Bote verläßt das Haus, wir drei sitzen wieder beisammen, schauen, nein, strahlen einander an, und die erste, die ein Wort findet, ist Tilly – und was sagt sie? „No, ist Gott nicht allerhand?" Ich muß sagen, die schönste Theologie und vor allem die kürzeste *summa theologiae*, um mit dem Aquinaten zu sprechen, von der ich je gehört habe!

Was hat mich dazu bewogen, Tilly zu heiraten? Eines Tages bereitete sie für mich das Mittagessen in meiner bzw. meiner Eltern Wohnung in der Czerningasse, als das Telefon läutete. Das Rothschildspital berief mich dringend ein: soeben sei ein von den Internisten aufgegebener Fall von Schlafmittelvergiftung eingeliefert worden – ob ich nicht meine hirnchirurgischen Künste spielen lassen möchte? Ich ließ mir nicht einmal mehr einen Kaffee kochen, sondern steckte mir ein paar Kaffeebohnen in den Mund und zerkaute sie, während ich zum Taxistandplatz eilte.

Zwei Stunden später komme ich zurück, das gemeinsame Mittagessen war verhaut. Ich hatte natürlich angenommen, die anderen hätten schon gegessen, was die Eltern auch getan hatten. Aber Tilly hatte gewartet und ihre erste Reaktion war nicht: „Na endlich bist Du da, ich habe nämlich mit dem Essen auf Dich gewartet." Nein, ihre Reaktion war: „Wie verlief die Operation und wie geht es dem Patienten?" In diesem Augenblick entschloß ich mich, dieses Mädl zu meiner Frau zu machen – nicht, weil sie das oder jenes für mich war, sondern weil sie sie war.

Wir waren bereits im Konzentrationslager, als ich ihr zu ihrem, ich glaube, 23. Geburtstag irgend eine Kleinigkeit schenkte, die ich ergattern konnte, und dazu schrieb: „Zu Deinem Feste wünsche ich – mir, daß Du die Treue haltest – Dir." Also eine doppelte Paradoxie: zu ihrem Geburtstag habe ich mir selbst etwas gewünscht und nicht ihr, und zwar daß sie sich selbst die Treue halten soll und nicht mir.

Als wir heirateten, bildeten wir zusammen mit einem anderen Paar die letzten aus der jüdischen Bevölkerung von Wien, denen es die nationalsozialistischen Behörden erlaubt hatten zu heiraten. Danach wurde das jüdische Standesamt einfach aufgelöst. Das andere Paar aber war mein Mittelschulprofessor, den ich etwa zwei Jahrzehnte früher in Geschichte gehabt hatte, ein Dr. Edelmann und dessen Braut.

Nicht offiziell, aber *de facto* war es für Juden dann verboten,

*Frankl mit seiner ersten Frau Tilly,
Brautbild (Dezember 1941)*

Kinder zu bekommen, selbst wenn sie offiziell verheiratet waren. Es wurde einfach ein Ukas herumgereicht, aus dem hervorging, daß von nun an jüdische Frauen, bei denen eine Schwangerschaft festgestellt würde, schnurstracks in ein Konzentrationslager verschickt würden. Die Ärztekammer wurde gleichzeitig angewiesen, Schwangerschaftsunterbrechungen bei jüdischen Frauen gesetzlich nichts in den Weg zu legen. Tilly mußte unser ungeborenes Kind opfern. Mein Buch „The Unheard Cry for Meaning" ist ihm gewidmet.

Nachdem wir in der Kultusgemeinde unter einer Chuppe, also einem sogenannten Himmel, geheiratet hatten, mußten wir, weil Juden nicht im Taxi fahren durften, zu Fuß durch die Straßen zum obligaten Photographen gehen – Tilly mit dem weißen Brautschleier. Dann gingen wir weiter nach Hause, allerdings machten wir vorher noch bei einer nahegelegenen Buchhandlung Halt, in deren Auslage ich ein Buch mit dem Titel „Wir wollen heiraten" entdeckt hatte. Nach langem Zögern trauten wir uns hinein, Tilly natürlich noch immer mit dem Brautschleier, und wir beide trugen die gelben Sterne. Ich ließ mir den Spaß nicht nehmen, sie zu zwingen, das Buch zu verlangen. Ich wollte sie „self-assertive" machen, und so stand sie dann da mit dem weißen Brautschleier und dem gelben Judenstern an der Brust und errötend sagte sie zum Verkäufer auf dessen Frage, was sie wünsche: „Wir wollen heiraten."

Unser Hochzeitsphoto hat mir auch nach dem Krieg Dienste geleistet: Nach dem Zweiten Weltkrieg war ich der erste Österreicher, dem es von den Besatzungsmächten erlaubt worden war, ins Ausland zu fahren, um auf einem Kongreß einen Vortrag zu halten. Der Kongreß fand in Zürich statt. Noch an der Grenze war es fraglich, ob ich ein Visum bekäme. So oder so, ich hatte kein Schweizer Geld, also mußte ich mich von meinen Gastgebern auf dem Bahnhof abholen lassen. Die Gastgeber waren die Familie, bei der Gustav, der Bruder meiner ersten Frau, während seiner Schweizer Emigrationszeit gelebt hatte. Von Innsbruck aus telegrafierte ich nach Zürich und avisierte, daß ich als Erkennungszeichen das KZ-Verbandsabzeichen ins Knopfloch meines Mantels stecken würde: ein auf der Spitze stehendes rotes Dreieck.

In Zürich wartete und wartete ich vergeblich darauf, daß jemand käme und sich meiner annähme. Niemand tat es. Bald war der Bahnsteig – es handelte sich um den Bahnhof Zürich Enge – menschenleer. Da löste sich die Gestalt einer Dame aus dem Nebel, kam langsam und unschlüssig auf mich zu und hielt ein Photo in der Hand, das sie sichtlich immer wieder mit mir verglich.

„Sind Sie Herr Dr. Frankl?" fragte sie mich. Da bemerkte ich, daß sie das Hochzeitsphoto, das mich mit Tilly in ihrem Brautkleid zeigte, zum Glück mitgenommen hatte. Wäre dem nicht so gewesen, hätte sie niemals mitbekommen, daß ich ich war.

Denn es waren so viele Leute auf dem Bahnhof, die rote Dreiecke auf der Spitze stehend im Knopfloch hatten, daß sie nicht herausfinden konnte, welcher der Dr. Frankl war. Es war an demselben Abend die sogenannte Winterhilfe ausgebrochen, eine Sammelaktion, und wer ein Geldstück in eine der ihm entgegengehaltenen

Sammelbüchsen geworfen hatte, erhielt als Zahlungsbestätigung ein rotes auf der Spitze stehendes Dreieck. Und *dieses* rote Dreieck war größer und daher auch auffallender als meines.

Konzentrationslager

Zurück zu unserer Hochzeit. Neun Monate später waren wir bereits im Lager Theresienstadt. Zwei Jahre später stand Tilly dort unter Transportschutz, da sie in einer Glimmerfabrik arbeitete, die für die Munitionsbeschaffung wichtig war. Ich wurde zum Transport „in den Osten", nach Auschwitz, einberufen. Da ich wußte, daß Tilly, so wie ich sie kannte, alles daransetzen würde, mit mir zu gehen, verbot ich ihr ausdrücklich und eindringlich, sich freiwillig zu meinem Transport zu melden. Sich zu dem Transport zu melden war zudem auch nicht ungefährlich, denn es hätte leicht als Sabotage kriegswichtiger Produktion gedeutet werden können. Trotzdem meldete sich Tilly hinter meinem Rücken freiwillig und wurde aus unerfindlichen Gründen auch zugelassen.

Während des Transports war sie echt sie selbst. Nach einer kurzen Panikreaktion, in der sie mir zuflüsterte: „Wirst sehen, wir gehen nach Auschwitz" – was zunächst kein Mensch hätte ahnen können – begann sie plötzlich im überfüllten Waggon die durcheinandergewürfelten Gepäckstücke zu sortieren beziehungsweise die anderen dazu zu veranlassen, ihr dabei zu assistieren. Plötzlich war sie ganz ruhig geworden.

Die letzten Minuten, die wir in Auschwitz beisammen waren, war sie nach außen hin heiter. Unmittelbar vor der Trennung flüsterte sie mir zu, sie hätte eine Uhr (soviel ich mich erinnere, handelte es sich um einen Wecker) zertreten, damit er nicht der SS in die Hände falle – sie kostete sichtlich diesen armseligen Triumph aus. Als dann Männer und Frauen getrennt wurden, sagte ich ihr mit eindringlichen Worten, so daß sie auch wirklich verstehen konnte, was ich damit sagen wollte: „Tilly, um jeden Preis am Leben bleiben – verstehst Du mich, um jeden Preis!"

Ich wollte nämlich, daß sie, wenn sich die Situation ergäbe, ihr Leben um den Preis sexueller Nachgiebigkeit retten zu können, nicht durch Rücksicht auf mich gehemmt sein sollte. Durch diese quasi a priorische Absolution, die ich ihr erteilte, wollte ich verhindern, daß ich an einer solchen Gehemmtheit, die den Tod bedeuten konnte, mitschuldig würde.

Kurz nach der Befreiung in Türkheim in Bayern ging ich über ein Feld und begegnete einem ebenfalls soeben befreiten Gastarbeiter, der während des Gesprächs mit irgend etwas Kleinem in der Hand spielte.

„Was ist das denn?" fragte ich ihn.

Er öffnete die Hand, und ich sah eine kleine goldene Weltkugel, darauf waren die Weltmeere in blauem Email und ein goldener Reifen um den Äquator mit der Inschrift: „Die ganze Welt dreht sich um Liebe." Das war ein Anhänger – *ein* Anhänger? Es war der gleiche Anhänger, den ich Tilly zu ihrem ersten von uns beiden gemeinsam erlebten Geburtstag geschenkt hatte. Der gleiche Anhänger – war es nicht gar derselbe? Höchstwahrscheinlich derselbe, denn als ich ihn kaufte, gab es in Wien, wie ich erfahren hatte, nur zwei Stück. Und in Bad Wörishofen, das neben Türkheim liegt, war ein Magazin ausgehoben worden, in dem die SS riesige Schmuckladungen aufbewahrt hatte, deren Herkunft nur Auschwitz gewesen sein konnte. Ich kaufte dem Mann das Schmuckstück ab. Es hatte eine kleine Delle, aber nach wie vor drehte sich die ganze Welt um Liebe...

Nur noch ein letztes Blitzlicht zum Thema: Am ersten Morgen, den ich dann wieder in Wien verbrachte, im August 1945, erfuhr ich, daß Tilly in Bergen-Belsen gestorben war. Und zwar war sie erst nach der Befreiung durch englische Truppen gestorben. Die hatten dort bereits 17.000 Leichen vorgefunden, und während der ersten sechs Wochen kamen noch weitere 17.000 Leichen dazu. Zu den letzteren mußte die von Tilly gehört haben. Auch berichtete man mir, daß nachts Zigeuner Teile von Leichen auf ihren Lagerfeuern in Kesseln gekocht hätten und zwar hauptsächlich die Lebern. Wochen hindurch verfolgte mich die Zwangsvorstellung, Zigeuner essen die Leber von Tilly...

Deportation

Zurück zur Zeit meiner Deportation. Als sich die Ereignisse zuspitzten und ich von einem Tag auf den anderen gewärtig sein mußte, mit meinen Eltern deportiert zu werden, setzte ich mich hin und schrieb die erste Fassung meiner „Ärztlichen Seelsorge" nieder. Von der Logotherapie sollte mich wenigstens diese Quintessenz überleben.

Und als es dann soweit war, daß ich nach Auschwitz gebracht wurde, war das Manuskript unter mein Mantelfutter eingenäht. Natürlich ging es verloren. (Eine Kopie der ersten Fassung tauchte zwar nach dem Krieg wieder auf. Da war aber die zweite Fassung bereits fertig, und die vielen Ergänzungen, die noch vor der Einlieferung ins Konzentrationslager Auschwitz von mir hinzugefügt worden waren, blieben selbstverständlich verschollen). Bei meiner Ankunft in Auschwitz mußte ich alles hinwerfen: Die Kleider und

Frankl (erster von links) mit Seilkameraden aus dem Alpenverein „Donauland"

die letzten Habseligkeiten, die ich noch besaß, unter ihnen meinen höchsten Stolz, nämlich das Abzeichen des Alpenvereins „Donauland", das mich als Kletterführer akkreditierte.

Ich habe ja von Auschwitz gesprochen. Einen Vorgeschmack von einem richtigen Konzentrationslager im Gegensatz zum „Musterghetto" Theresienstadt hatte ich ja in der sogenannten Kleinen Festung, einem KZ an der Peripherie des Lagers Theresienstadt mitbekommen. Nach wenigen Stunden dort getaner Arbeit wurde ich mit 31 mehr oder weniger großen bzw. kleinen Verletzungen in meine Baracke zurückgeschleppt von einem Wiener Pülcher, also einem Gangster – auf den ich noch zu sprechen kommen werde. Auf einer Straße in Theresienstadt bemerkte mich Tilly und stürzte sich auf mich:

„Um Gottes Willen, was haben sie dir angetan?"

In der Baracke verband und versorgte sie mich dann – die gelernte Krankenschwester. Und am Abend war ich bereits so weit, daß sie mich, um mich abzulenken, in eine andere Kaserne zu einer wohl nur halb legalen Veranstaltung brachte, wo bekannte Jazzmusiker aus Prag, ebenfalls Häftlinge, etwas spielten, das über kurz oder lang die inoffizielle „Nationalhymne" der Theresienstädter Juden werden sollte, nämlich: „Bei mir bist du schön".

Der Kontrast zwischen unbeschreiblichen Torturen am Vormittag und dem Jazz am Abend war so typisch für unsere Existenz mit all ihren Widersprüchen von Schönheit und Häßlichkeit, Menschlichkeit und Unmenschlichkeit.

Auschwitz

Noch nie habe ich publiziert, was bei der ersten Selektion auf dem Bahnhof in Auschwitz geschah. Es geht dabei um ein bestimmtes Detail. Ich habe es aus dem einfachen Grund nicht publiziert, weil ich mir bis heute nicht ganz sicher bin, ob ich es mir vielleicht nur einrede.

Und zwar geht es darum: Dr. Mengele drehte meine Schultern nicht nach rechts von mir aus gesehen, also zu den Überlebenden, sondern nach links, also zu den für die Gaskammer Bestimmten. Da ich aber unter den Leuten, die unmittelbar vor mir dorthin geschickt worden waren, keinen Bekannten ausmachen konnte, sehr wohl aber bemerkte, daß ein paar junge Kollegen nach rechts geschickt worden waren, ging ich *hinter dem Rücken von Dr. Mengele* um ihn herum zu guter Letzt doch nach rechts. Weiß Gott, woher mir der Einfall kam und woher ich den Mut dazu nahm.

Der berüchtigte Arzt Mengele auf dem Bahnhof Auschwitz während der „Selektion" (Foto aus dem Auschwitz-Museum)

Und noch etwas habe ich bisher nicht in deutscher Sprache publiziert: Anstelle meines tadellosen eigenen Gewandes mußte ich einen alten, zerfetzten und zerschlissenen Gehrock, der offensichtlich von einem Vergasten stammte, übernehmen. In einer Tasche befand sich ein aus einem Gebetbuch herausgerissenes Blatt, auf dem in hebräischer Schrift das jüdische Hauptgebet, das Schema Israel zu lesen war. In einem amerikanischen Buch von mir frage ich: Wie anders hätte ich diesen „Zufall" deuten sollen als im Sinne der Herausforderung, nunmehr zu *leben*, was ich geschrieben hatte? Denn von nun an blieb die Gebetbuchseite in meinem Gewand genau so versteckt wie vorher das inzwischen verlorengegangene Buchmanuskript. Mir wird ganz unheimlich zumute, wenn ich bedenke, daß ich die Zettel, auf denen ich das Buchmanuskript rekonstruiert hatte, retten konnte – in die Freiheit –

während auf unerklärliche Weise das Blatt aus dem Gebetbuch zur Zeit meiner Befreiung plötzlich unauffindbar war.

Ich erwähnte einen Gangster. In Auschwitz war er Kapo geworden, wie übrigens viele andere Kriminelle auch. In Auschwitz ereignete sich dann folgende Episode: Ich sollte als hundertster Mann in eine Gruppe von 100 Männern hinein, die zu einem Abtransport bestimmt waren. Plötzlich stürzt sich besagter Gangster auf einen anderen Häftling, läßt Boxhiebe auf ihn niederprasseln, stößt ihn mit den Schuhabsätzen in die Gruppe der 100 Männer, aus deren Mitte er mich wegreißt. Unflätig beschimpft er den anderen Häftling und tut so, als ob sich dieser gedrückt und mich vorgeschoben hätte. Als ich bemerkte, was da gespielt wird, waren die 100 Männer bereits abmarschiert. Der Gangster – mein Protektor – mußte davon Wind bekommen haben, daß die Leute entweder für die Gaskammer oder für einen mit höchster Lebensgefahr verbundenen Transport bestimmt waren. Ich bin überzeugt, daß ich unter anderem ihm mein Leben verdanke.

Später, im Lager Kaufering III, rettete mir der spätere Münchner Fernsehschauspieler Benscher einmal das Leben. Ich verkaufte ihm eine Zigarette im Austausch gegen eine leere, aber nach Geselchtem riechende Suppe. Während ich sie schlürfte, redete er auf mich ein und beschwor mich, meine zu dieser Zeit pessimistische Stimmung zu überwinden – eine Grundstimmung, die wie ich bei anderen Häftlingen beobachten konnte, unweigerlich zur Selbstaufgabe und über kurz oder lang zum Tode geführt hätte.

Nachdem ich dann in Türkheim an Fleckfieber erkrankt war, war ich dem Tode nahe. Ich dachte immer nur daran, daß mein Buch nicht erscheinen würde. Aber ich rang mich zu einem Verzicht durch. *Was wäre denn das auch für ein Leben*, dachte ich mir, dessen Sinn damit steht und fällt, ob man nun ein Buch herausbringt oder nicht? Nachdem Abraham bereit gewesen war, seinen Sohn, sein einziges Kind zu opfern, erschien der Widder. *Ich* hatte mich dazu durchringen müssen, bereit zu sein, mein *geistiges* Kind zu opfern – anscheinend wurde ich erst dann für würdig befunden, das Buch – nämlich die „Ärztliche Seelsorge" – doch einmal herauszubringen.

Als ich das Fleckfieber schon überlebt hatte, traten namentlich nachts eigenartige Atemstörungen auf, die mit Schmerzen verbunden waren, die die Atmung behinderten. Ich war völlig verzweifelt

Verkohlte Leichen von Häftlingen des KZ Kaufering III, nachdem das Lager zu Kriegsende von der flüchtenden SS in Brand gesetzt worden war (Die Aufnahme stammt von einem Offizier der US-Armee, dessen Truppe das Lager befreit hatte.) [47]

Die halbunterirdischen Baracken des Lagers Kaufering III

und nahm mir mitten in der Nacht vor, den Chefarzt des Lagers – den ungarischen Kollegen Dr. Racz, der selbst Häftling war – in seiner Baracke aufzusuchen. Unvergeßlich bleibt mir das entsetzliche Erlebnis, als ich die vielleicht 100 Meter zwischen meiner und seiner Baracke im Stockfinstern robben mußte, denn es war strengstens verboten, bei Nacht die Baracken zu verlassen. Ich mußte gewärtig sein, daß mich der Posten auf dem Wachtturm bemerken und mit seinem Maschinengewehr auf mich schießen würde. Ich hatte zwischen zwei Todesarten zu wählen: zu ersticken oder erschossen zu werden.

Ich hatte eigentlich niemals Maturaträume – aber bis heute träume ich immer wieder, ich befände mich in einem Konzentrationslager. Anscheinend war das Konzentrationslager meine wahre Reifeprüfung. Ich hätte ja nicht antreten müssen – ich hätte dem ja entkommen und rechtzeitig nach Amerika emigrieren können. Ich hätte ja in Amerika die Logotherapie entwickeln können, ich hätte dort mein Lebenswerk vollenden, meine Lebensaufgabe erfüllen können – aber ich tat es eben nicht. Und so kam ich nach Auschwitz. Es war das *experimentum crucis*. Die eigentlich menschlichen Urvermögen der *Selbst-Transzendenz* und der *Selbst-Distanzierung*, wie ich sie in den letzten Jahren so sehr betone, wurden im Konzentrationslager existentiell verifiziert und validiert. Diese Empirie im weitesten Wortsinn bestätigte den „survival value", um mit der amerikanisch-psychologischen Terminologie zu sprechen, der dem „Willen zum Sinn", wie ich ihn nenne, oder eben der Selbst-Transzendenz – dem Über-sich-selbst-Hinauslangen menschlichen Daseins nach etwas, das nicht wieder es selbst ist – zukommt. *Ceteris paribus* überlebten jene noch am ehesten, die auf die Zukunft hin orientiert waren, auf einen Sinn hin, dessen Erfüllung in der Zukunft auf sie wartete. Nardini und Lifton, zwei amerikanische Marine- beziehungsweise Heerespsychiater, haben in japanischen bzw. nordkoreanischen Kriegsgefangenenlagern dasselbe festgestellt.

Was mich persönlich anlangt, bin ich überzeugt, daß zu meinem eigenen Überleben nicht zuletzt meine Entschlossenheit beigetragen haben mag, das verlorene Manuskript zu rekonstruieren. Ich begann damit, als ich an Fleckfieber erkrankt war und mich auch des Nachts wachhalten wollte, um nicht einem Gefäßkollaps zu erliegen. Zu meinem 40. Geburtstag hatte mir ein Kamerad einen Bleistiftstummel geschenkt und ein paar winzige SS-Formulare

SS-Formulare mit den auf die Rückseite gekritzelten Stichworten zwecks Rekonstruktion des in Auschwitz vernichteten Manuskripts der „Ärztlichen Seelsorge" herbeigezaubert, auf deren Rückseite ich nun – hoch fiebernd – stenographische Stichworte hinkritzelte, mit deren Hilfe ich die „Ärztliche Seelsorge" eben zu rekonstruieren gedachte.

Sie waren mir auch wirklich sehr dienlich, als ich später daranging, mein Vorhaben in die Tat umzusetzen und die zweite Fassung meines ersten Buches – nunmehr bereichert um die exemplarische Bewahrheitung meiner Theorie – selbst in einer Grenzsituation wie Auschwitz – zu Papier zu bringen. Das zusätzliche Kapitel zur Psychologie des Konzentrationslagers war aber bereits an Ort und Stelle vorbereitet worden.

Wie dies vor sich ging – Selbst-Distanzierung *par excellence* – habe ich dem Ersten Internationalen Kongreß für Psychotherapie in Leiden, Holland anvertraut: „Ich habe wiederholt versucht, mich von all dem Leid, das uns umgab, zu distanzieren, indem ich es zu objektivieren versuchte. So erinnere ich mich daran, daß ich eines Morgens aus dem Lager herausmarschierte und den Hunger, die Kälte und die Schmerzen der durch das Hungerödem angeschwollenen und aus diesem Grunde in offenen Schuhen steckenden, erfrorenen und eiternden Füße kaum mehr ertragen konnte. Meine Situation schien mir trost- und hoffnungslos. Da stellte ich mir vor, ich stünde an einem Rednerpult in einem großen, schönen, warmen und hellen Vortragssaal und sei im Begriff, vor einer interessierten Zuhörerschaft einen Vortrag zu halten unter dem Titel ‚Psychotherapeutische Erfahrungen im Konzentrationslager' (unter diesem Titel hielt ich den Vortrag auf dem Kongreß auch wirklich[42]), und ich spräche gerade von alledem, was ich – soeben erlebte. Glauben Sie mir, meine Damen und Herren, in jenem Augenblick konnte ich nicht hoffen, daß es mir vergönnt sein würde, eines Tages einen solchen Vortrag wirklich zu halten."

Drei Jahre verbrachte ich in vier Konzentrationslagern, in Theresienstadt, Auschwitz, Kaufering III und Türkheim. Ich überlebte, was aber meine Familie – von meiner Schwester abgesehen – anlangt, könnte man mit Rilke sagen: Der Herr gab jedem seinen eigenen Tod. Mein Vater starb im Lager Theresienstadt praktisch in meinen Armen, meine Mutter kam nach Auschwitz und ging ins Gas, mein Bruder kam, wie ich hörte, in ein Filiallager von Auschwitz und kam angeblich in einem Bergwerk ums Leben.

Vor einiger Zeit sandte mir meine alte Freundin Erna Felmayer ein Gedicht ein, das ich 1946 auf einen Rezeptblock geschrieben

Grabinschrift zum Gedenken der in verschiedenen Konzentrationslagern umgekommenen Mitglieder der Familie Frankl

und ihr überlassen hatte und das meine Stimmung um diese Zeit wiedergibt:

> *Ihr lastet so auf mir, ihr meine Toten:*
> *ihr seid um mich als schweigende Verpflichtung,*
> *für euch zu sein; so ist mir nun geboten*
> *zu tilgen, was euch schuldet die Vernichtung,*
> *bis ich erfahre, daß in jedem Glühen*
> *der Sonne euer Blick um Ausdruck ringt,*
> *bis ich gewahre, daß in allem Blühen*
> *des Baums ein Toter da ist, der mir winkt,*
> *bis ich vernehme, daß ihr jedem Vogel*

zu seinem Zwitschern eure Stimme leiht:
sie will mich grüßen – oder vielleicht sagen,
daß ihr mein Weiterleben mir verzeiht.

Als mich der Bürgermeister von Austin, der Hauptstadt von Texas, zum Ehrenbürger ernannte, antwortete ich: „Eigentlich ist es nicht angebracht, daß Sie mich zum Ehrenbürger ernennen. Vielmehr wäre es angebracht, daß ich Sie zum Ehrenlogotherapeuten ernenne. Denn hätten nicht so viele junge Männer aus Texas, und unter ihnen einige aus Ihrer Stadt, ihr Leben eingesetzt oder gar geopfert, um mich und so viele andere aus dem Konzentrationslager Türkheim zu befreien (und es *handelte* sich um Truppen aus Texas!), hätte es nach 1945 keinen Viktor Frankl und insofern auch bis heute keine Logotherapie gegeben." Der Bürgermeister hatte Tränen in den Augen.

Frankl – hier mit seiner Frau Elli und dem Bürgermeister
von Austin – wird zum Ehrenbürger der Hauptstadt von Texas
ernannt (1976)

Nach meiner Befreiung ging ich wieder nach Wien zurück. Immer wieder mußte ich mir die Frage anhören: „Hat man dir in Wien zu wenig angetan, dir und den Deinen?" War doch mein Vater im Lager Theresienstadt zugrunde gegangen, meine Mutter in Auschwitz ins Gas gegangen, mein Bruder ebenfalls in Auschwitz umgekommen, und meine erste Frau, mit 25 Jahren, in Bergen-Belsen. Aber ich erwiderte mit einer Gegenfrage: „Was hat mir wer angetan?" Da gab es in Wien eine katholische Baronin, die unter Lebensgefahr eine Cousine von mir jahrelang in der Wohnung verborgen hielt. Dann gab es da einen sozialistischen Rechtsanwalt, den ich nur oberflächlich gekannt hatte, der nichts von mir hatte und brauchte, der mir aber, wann immer er nur konnte, versteckt und verstohlen etwas zu essen brachte. (Es handelte sich übrigens um den späteren Vizekanzler Bruno Pittermann.) Was für einen Grund hätte ich also haben sollen, Wien den Rücken zu kehren?

Über „Kollektivschuld"

Wer von *Kollektivschuld* spricht, setzt sich selbst ins Unrecht. Wo immer es ging, bin ich gegen die Kollektivschuld aufgetreten. In meinem Buch über das KZ – ein Buch, dessen englische Übersetzung (in den USA allein) in mehr als neun Millionen Exemplaren verbreitet ist – erzähle ich die folgende Geschichte: „Der Lagerführer des Lagers, in dem ich zuletzt war und aus dem ich befreit wurde, war SS-Mann. Nach der Befreiung des Lagers stellte sich jedoch heraus, wovon bis dahin nur der Lagerarzt (selber Häftling) wußte: Der Lagerführer hatte aus eigener Tasche nicht geringe Geldbeträge insgeheim hergegeben, um aus der Apotheke des nahen Marktfleckens Medikamente für seine Lagerinsassen besorgen zu lassen!

Die Geschichte hatte ein Nachspiel: Nach der Befreiung versteckten jüdische Häftlinge den SS-Mann vor den amerikanischen Truppen und erklärten deren Kommandanten gegenüber, sie würden ihm den SS-Mann einzig und allein unter der Bedingung ausliefern, daß ihm kein Haar gekrümmt werde. Der amerikanische Truppenkommandant gab ihnen daraufhin sein Offiziersehrenwort, und die jüdischen Häftlinge führten ihm den ehemaligen Lagerkommandanten vor. Der Truppenkommandant ernannte den

SS-Mann wieder zum Lagerkommandanten – und der SS-Mann organisierte für uns Lebensmittel- und Kleidersammlungen unter der Bevölkerung der umliegenden Dörfer."

1946 war es nicht populär, gegen die Kollektivschuld aufzutreten oder sich gar für einen Nationalsozialisten einzusetzen, wie ich es getan hatte. Das hat mir auch oft genug einen Rüffel von Seiten diverser Organisationen eingetragen. Ich versteckte damals einen Fachkollegen in meiner Wohnung, der irgendein Hitlerjugend-Ehrenabzeichen besaß, und von dem ich erfahren hatte, daß ihn die Staatspolizei suchte, um ihm einen Volksgerichtsprozeß anzuhängen – da gab es nur Freispruch oder Todesurteil. Auf diese Weise schützte ich ihn vor dem Zugriff der Behörden.

Gegen die Kollektivschuld trat ich einmal – es war 1946 – in Anwesenheit des Kommandanten der französischen Besatzungstruppen, eines Generals, auf, und zwar, als ich in der französisch besetzten Zone einen Vortrag zu halten hatte. Am nächsten Tag kam ein Universitätsprofessor zu mir, ein ehemaliger SS-Offizier, und fragte mich – er hatte Tränen in den Augen –, wieso gerade ich den Mut aufbrächte, mich öffentlich gegen pauschales Verurteilen zu wenden. „*Sie* können's nicht", antwortete ich ihm, „Sie würden pro domo sprechen. Ich aber bin der ehemalige Häftling Nr. 119104 und als solcher kann ich es sehr wohl tun, und daher *muß* ich es auch tun. Mir nimmt man es ab, und das bedeutet eben eine Verpflichtung."

Rückkehr nach Wien

Noch im Konzentrationslager hatte ich mir selbst das Wort abgenommen, mich sofort um Pötzl zu kümmern, sollte ich jemals wieder nach Wien zurückkehren. So führte mich mein erster Weg zu ihm. Vorher hatte ich erfahren, daß auch meine erste Frau ums Leben gekommen war. Mein alter Lehrer war der erste, vor dem ich mich ausweinte. Ihm allerdings konnte ich leider nicht helfen: An demselben Tag war er als ehemaliger Nationalsozialist unwiderruflich seines Postens enthoben worden. Aber zusammen mit allen anderen Freunden von mir zitterte er um mein Leben, denn er befürchtete, ich würde Selbstmord begehen. Pittermann zwang mich, unter ein Blankoformular, das er nachträglich in ein Gesuch um

Frankl 1946

ein vakantes Primariat verwandelte, meine Unterschrift zu setzen. Die folgenden 25 Jahre war ich dann Vorstand der Wiener neurologischen Poliklinik.

An einem der ersten Tage nach meiner Rückkehr nach Wien suchte ich meinen Freund Paul Polak auf und berichtete ihm vom Tod meiner Eltern, meines Bruders und dem von Tilly. Ich erinnere mich, daß ich plötzlich zu weinen begann und zu ihm sagte: „Paul, ich muß gestehen, wenn so viel über einen hereinbricht, wenn man so sehr auf die Probe gestellt wird, das muß einen Sinn haben. Ich habe das Gefühl, ich kann es nicht anders sagen, als ob etwas auf mich warten würde, als ob etwas von mir verlangt würde, als ob ich für etwas bestimmt wäre." Da wurde mir leichter –

Die Wiener Poliklinik im 9. Bezirk

aber niemand hätte mich zu diesem Zeitpunkt wohl besser verstehen können, wenn auch stumm, als der gute Paul Polak.

Otto Kauders, Pötzls Nachfolger als Vorstand der Psychiatrischen Universitätsklinik, legte mir nahe, eine dritte und letzte Fassung der „Ärztlichen Seelsorge" niederzuschreiben und mich mit ihr zu habilitieren. Das war das einzige, was mir etwas bedeuten konnte. Ich stürzte mich in die Arbeit.

Ich diktierte und diktierte, drei Stenotypistinnen mußten einander ablösen, um mit dem Stenographieren und Übertragen in Maschinenschrift mitzukommen – so viel diktierte ich mir täglich von der Seele herunter, in ungeheizten, kaum möblierten Zimmern, mit Fenstern, die mit Pappendeckel „verglast" waren. Es sprudelte nur so aus mir heraus. Diktierend ging ich im Zimmer auf und ab. Ab und zu, ich seh' mich noch vor mir selbst, sank ich erschöpft in einen Lehnstuhl und brach in Tränen aus. So ergriffen war ich von meinen eigenen Gedanken, die mich oft mit schmerzender Klarheit überkamen. Die Schleusen waren geöffnet ...

Noch im Jahre 1945 diktierte ich in neun Tagen das KZ-Buch, das dann in Amerika in Millionenauflage verkauft wurde. Wäh-

Frankl während seiner Vorlesung im Hörsaal der Poliklinik (1948)

rend ich es diktierte, war ich entschlossen, es anonym erscheinen zu lassen, um mich um so freimütiger auslassen zu können. Auf dem Umschlag der ersten Auflage steht daher nicht einmal mein Name. Das Buch befand sich längst in der Druckerei, als meine Freunde mir zuredeten, für seinen Inhalt mit meinem Namen einzustehen. Ich konnte mich diesem Argument und ihrem Appell an meinen Mut schließlich nicht entziehen.

Ist es nicht eigenartig, daß jenes unter meinen Büchern, das ich garantiert in dem Bewußtsein schrieb, es würde anonym heraus-

*Titelbild der ersten Auflage von „Ein Psychologe erlebt das KZ"
(derzeit „...trotzdem Ja zum Leben sagen") – der Entwurf zum
Bild stammt von V.E. Frankl und geht auf ein eigenes
Erlebnis zurück*

kommen und könnte mir zu keiner Zeit persönlichen Erfolg einbringen – daß gerade dieses Buch zu einem Bestseller avancierte, Bestseller auch für amerikanische Begriffe? Es wurde von Colleges in den USA fünfmal zum „Buch des Jahres" gewählt. Auf den meisten Colleges ist es „required reading" (Pflichtlektüre).

In Kansas wurde an der Baker University der gesamte Lehrplan auf drei Jahre hinaus auf das Thema des Buches, ja auf dessen Titel „Man's Search for Meaning" abgestimmt. Ich kenne ein Trappistenkloster, in dessen Refektorium zu Mittag eine Zeitlang aus meinem Buch vorgelesen wurde, und ich kenne eine katholische Kirche, in der im Rahmen der Sonntagsmesse einmal dasselbe geschah. Ich kenne Ordensschwestern, die für ihre College-Schülerinnen Lesezeichen mit Zitaten aus meinem Buch drucken ließen, und ich kenne einen Universitätsprofessor, der seinen Philosophiestudenten eine schriftliche Arbeit aufgab mit dem Titel: „Was wäre zur Sprache gekommen, wenn Sokrates und Frankl *zusammen* in Haft gewesen wären?"

Es ist einfach rührend, wie empfänglich die amerikanische Jugend für mein Buch ist. Und es ist nicht leicht zu erklären, *daß* sie es ist. Auf Betreiben von Gordon Allport, der zu meinem Buch das Vorwort schrieb, wurde der amerikanischen Ausgabe als deren zweiter, theoretischer Teil eine Einführung in die Logotherapie angehängt. Sie ist das theoretische Destillat, gewonnen aus dem KZ-Erlebnisbericht, und der letztere, die autobiographische Skizze, dient wieder als existentielle Exemplifikation. Das Buch polarisiert sich in zwei Teile, und die beiden Teile potenzieren einander.

Zum Teil mag dies die Wirkung des Buches ausmachen. Wie lautete doch die Widmung, die ich jemandem einmal ins Buch schrieb? „Nicht leicht schreibt sich's mit eignem Blut. Doch schreibt es sich damit leicht gut." „Frankl writes like a man who lives like he writes", schreibt einer der Häftlinge des berüchtigten Zuchthauses von San Quentin bei San Francisco in seiner Besprechung von „Man's Search for Meaning", die in den von den Häftlingen redigierten „San Quentin News" erschien.

Das Beglückende und Ermutigende ist, daß auch noch heute ein Buch seinen Weg machen kann, ohne von Lobbys und Pressure groups „aufgebaut" zu werden. Wenn es auf die Verleger angekommen wäre, hätten sie es überhaupt nicht herausgebracht. Daß dies geschah, ist einzig und allein dem Einsatz von Allport zu danken. Und selbst dann wurden die Rechte für eine Taschenbuchausgabe für 200 Dollar weiterverkauft, von Verleger zu Verleger, bis der letzte das Riesengeschäft machte. *Habent sua fata libelli.* Was aber die „Ärztliche Seelsorge" anlangt, wurde sie von einer staatlich-amerikanischen Kommission, die in den ersten Nachkriegsjahren Europa bereiste, um übersetzungswürdige Bücher zu nominieren, als einziges österreichisches Buch auf ihre Liste gesetzt.

Sogar dort, wo ein europäischer Verlag ein Buch von mir übernimmt, kann es zu komischen Situationen führen. In Portugal gibt es einen Verleger, der mich eines Tages anschrieb, er wolle „Man's Search for Meaning" auf portugiesisch herausbringen. Ich mußte ihn darauf aufmerksam machen, daß er es Jahre zuvor bereits getan hatte. Die Publicity, die mir sein Verlag zuteil werden ließ, reichte anscheinend nicht einmal so weit, daß sich die portugiesische Ausgabe meines Buches bis zu ihm herumgesprochen hatte. In

Norwegen wieder gibt es einen Verleger, von dem ich eines Tages den Bescheid erhielt, zu seinem Bedauern könne er ein bestimmtes Buch von mir nicht in einer norwegischen Fassung herausbringen – dabei hatte er es bereits getan, ein paar Jahre vorher.

Eine staatliche Subvention war dem amerikanischen Verleger garantiert, so daß er keinerlei finanzielles Risiko hatte eingehen müssen. Aber erst ein Jahrzehnt später wagte es der angesehene New Yorker Verlag Knopf zuzugreifen. In geschäftlicher Beziehung hatte er es dann nicht zu bereuen. 1945, als ich die Manuskripte meiner beiden ersten Bücher ablieferte, hätte ich mir jedenfalls nicht träumen lassen, daß sie im Ausland einen solchen Erfolg haben würden. (Immerhin wurden meine Bücher in 24 Sprachen übersetzt, auch ins Japanische, Chinesische und Koreanische.) Und doch gehörte es zum Herrlichsten, das mir jemals vergönnt war, das Manuskript der endgültigen Fassung der „Ärztlichen Seelsorge" unter dem Arm tragend zu meinem ersten Verleger Franz Deuticke zu gehen (der auch Freuds erster Verleger war).

Damit war die Dritte Wiener Richtung, die Logotherapie, auf die Beine gestellt. In der Geschichte der Psychotherapie das letzte umfassende System, wenn wir J. B. Torello glauben dürfen. Tatsächlich war ich immer um möglichst klare Formulierungen bemüht, an denen ich herumfeilte, bis sie wie Kristalle geschliffen und transparent waren in Hinblick auf eine hinter ihnen aufleuchtende Wahrheit.

Über das Schreiben

Ich habe leicht reden, aber ich habe nicht leicht schreiben – es kostet mich viele *Opfer*. Obwohl ich gerne ins Gebirge klettern gefahren wäre, bin ich viele Sonntage bei strahlendem Wetter zu Hause am Schreibtisch gesessen und habe an meinen Manuskripten gefeilt.

Die Opfer wurden von meiner Frau geteilt. Mag sein, daß Elli sogar mehr Opfer bringen mußte als ich selbst, um mein Lebenswerk auf die Beine zu stellen – Opfer und Selbstverleugnung. Dabei ergänzt sie mich ja nicht nur quantitativ, sondern auch qualitativ – was ich mit dem Hirn mache, macht sie mit dem Herzen oder, wie Professor Jacob Needleman es einmal so schön zum Ausdruck ge-

bracht hat, nicht zuletzt im Hinblick darauf, daß sie mich auf allen Vortragsreisen begleitet: Sie ist die Wärme, die das Licht begleitet.

In einem meiner Bücher gibt es eine Seite, die ich zehnmal umdiktiert hatte, und einen Satz, zu dessen definitiver Formulierung ich drei Stunden gebraucht hatte. Wenn ich diktiere, bin ich so in die Materie vertieft, daß ich alles um mich herum vergesse: Ich habe keine Ahnung, wie spät es inzwischen geworden ist. So kann es

Die Frankls auf der Rax

denn auch passieren, daß ich noch im Bett liege, das Diktiergerät neben mir, das Mikrophon in der Hand, und drauflosdiktiere, obwohl Elli mir angedeutet hat, daß wir in einer halben Stunde zur Bahn müssen. Um mich wieder einmal zu mahnen, geht sie langsam und leise durch mein Zimmer. Da sage ich zu ihr, ganz vertieft ins Diktat, bei dem ich ja auch die Interpunktionen diktiere: „Elli, Beistrich, bitte laß mir das Bad ein, Rufzeichen!" Bevor sie mit dem Lachen herausplatzte, hatte ich nicht bemerkt, daß ich mit ihr im Diktatjargon gesprochen hatte.

Ich bekenne mich zu einem Perfektionismus wie dem von Saint-Exupéry, der einmal sagte: „Die Vollkommenheit besteht nicht darin, daß man nichts mehr hinzufügen kann, sondern darin, daß man nichts mehr auslassen kann."

Irgendwie mag es aber auch wirklich auf den Systemcharakter einer Theorie ankommen. Und auf das Methodenbewußtsein, in dem sie auf ärztliche Praxis angewandt wird. Viele Hörer und Leser sagten und schrieben mir, sie wären immer schon Logotherapeuten gewesen, nämlich unbewußt. Dies spricht für die Logotherapie, aber auch dafür, wie richtig, ja wichtig es ist, eine Technik wie die Paradoxe Intention in ein System einzubauen und zu einer Methode auszubauen. Und was das betrifft, kann die Logotherapie eine Priorität für sich in Anspruch nehmen. Praktiziert aber wurde die Technik von anderen bereits vor 1939, also noch vor meiner im „Schweizer Archiv für Neurologie und Psychiatrie" erschienenen Arbeit, in der ich sie erstmalig beschrieb. In meiner „Psychotherapie in der Praxis" zähle ich daher auch alle meine Vorgänger auf, die mir jemals zur Kenntnis gebracht wurden, mögen sie auch noch so unsystematisch und unmethodisch vorgegangen sein.

Resonanz auf Bücher und Aufsätze

Was nun das Echo anlangt, das sich auf meine Bücher und Aufsätze hin einstellte, gehören zum Erfreulichsten die Leserbriefe aus den USA. Es vergeht kaum eine Woche, in der nicht ein solcher Brief käme und die typische Redewendung enthielte: „Doctor Frankl, your book has changed my life."

Bereits kurze Zeit nach dem Zweiten Weltkrieg kam eines Tages Besuch. Elli meldet mir, es handle sich um einen Ingenieur Kausel, „aber das ist sicher nicht der berühmte Kausel, der soeben aus der Haft entlassen worden ist."

„Bitte laß ihn gleich vor."

Er kommt herein: „Mein Name ist Kausel – ich weiß nicht, ob Sie aus den Zeitungen von mir gehört haben."

Ich *hatte* von ihm gehört – jeder war überzeugt gewesen, daß er einen Frauenmord begangen hatte, und alles sprach gegen ihn. Durch einen reinen Zufall wurde der *wahre* Täter entlarvt.

„Und was kann ich für Sie tun, Herr Ingenieur?" erkundige ich mich.

„Gar nichts – ich komme nur, um mich bei Ihnen zu bedanken; in der Haft war ich verzweifelt – niemand wollte an meine Schuldlosigkeit glauben. Da brachte mir jemand ein Buch von Ihnen in die Zelle – es war das einzige, an dem ich mich aufrichten konnte."

„Wirklich?" frage ich, „wie meinen Sie das denn?"

Und er meinte, es sei eben darum gegangen, „Einstellungswerte" zu verwirklichen. Er wurde ganz konkret, so daß man sehen konnte, daß er die Logotherapie wirklich verstanden und auf die konkrete Situation angewandt hatte – und daß die Logotherapie ihm tatsächlich hatte helfen können.

In Asien gab es ein von einem Diktator regiertes Land, in dem die zuletzt ausgeschriebenen Wahlen abgesagt wurden und der Gegenkandidat des Diktators ins Gefängnis kam. In einem Interview, das er dem Magazin „Newsweek" gab, antwortete er auf die Frage, wie er die jahrelange Einzelhaft aushalten konnte: „Meine Mutter hat mir in die Zelle das Buch eines Wiener Psychiaters namens Viktor Frankl geschickt, und das hält mich aufrecht."

Begegnung mit bedeutenden Philosophen

Was aber meine eigenen Erlebnisse anlangt, gehört zu den kostbarsten die Diskussion, die sich zwischen Martin Heidegger[43] und mir entspann, als er das erste Mal nach Wien kam und mich besuchte. Ins Gästebuch schrieb er sich ein mit den Worten: „Zur Erinnerung an einen schönen und lehrreichen Besuchsvormittag." Die Widmung, die er dann unter ein Foto setzte, auf dem unser Besuch eines Wiener „Heurigen" festgehalten wurde, und mit der er eine Verwandtschaft zwischen unseren Ansichten hervorheben wollte, verdient es ebenfalls, festgehalten zu werden: *Das Vergangene geht. Das Gewesene kommt.*

Ich konnte, wie auch in diesem Fall, immer wieder die Erfah-

Frankl zu Gast bei Martin Heidegger

rung machen, daß die wirklich Großen, zu denen ich aufblicke, soviel sie an mir zu kritisieren das Recht gehabt hätten, nachsichtig waren und über all die Unzulänglichkeit meiner Bemühungen hinwegsahen und hinter ihnen noch immer etwas Positives zu sehen vermochten. So erging es mir nicht nur mit Martin Heidegger, sondern auch mit Ludwig Binswanger[44], Karl Jaspers[45] und Gabriel Marcel[46].

Karl Jaspers sagte, als ich ihn in Basel besuchte, wörtlich: „Herr Frankl, ich kenne alle Ihre Bücher, aber das eine Buch von Ihnen, das über das Konzentrationslager (und er wies hinauf auf seine Bibliothek, auf mein KZ-Buch), das gehört zu den wenigen großen Büchern der Menschheit."

Und Gabriel Marcel hat mir zu meinem KZ-Buch bzw. dessen französischer Ausgabe ein Vorwort geschrieben.

Frankl zu Gast bei Karl Jaspers

Frankl zu Gast bei Ludwig Binswanger

Vorträge in aller Welt

Außer auf Bücher und Aufsätze möchte ich aber auch auf meine Vorträge und Vorlesungen zu sprechen kommen. Vorträge zu halten macht mir ausgesprochen Spaß. Sie vorzubereiten fällt mir aber nicht immer leicht. Für den Festvortrag, den ich auf Einladung des Akademischen Senats im Rahmen der 600-Jahr-Feier der Universität Wien zu halten hatte, kritzelte ich zunächst einmal an die 150 Seiten voll. Und dann hatte ich erst recht kein Manuskript. Allerdings spreche ich *immer* frei.

Über kurz oder lang fing ich dann auch an, in englischer Sprache frei zu sprechen, womit nicht gesagt sein soll, daß mein Englisch weiß Gott wie korrekt ist.

Elli und ich gehen nicht davon aus, daß man uns in Amerika versteht, solange wir deutsch sprechen. In Montreal setzt sich in einer Cafeteria ein Herr neben uns und putzt in typisch zwangsneurotischer Manier x-mal den Tisch ab, reinigt x-mal das Besteck, und so geht es immer weiter, minutenlang. Ich sage zu Elli: „Typische schwere Zwangsneurose, ganz charakteristisch, ganz schwerer Fall von Bakteriophobie", und weiß Gott, was ich noch alles sage. Als wir gehen, finden wir meinen Mantel nicht sofort. Da meldet sich der Kanadier in fehlerfreiem Deutsch: „Suchen die Herrschaften etwas – kann ich Ihnen behilflich sein?" Ohne Zweifel hatte er alles mitbekommen, mein ganzes psychiatrisches Gutachten über seine Person ...

Drolliges erlebt man auf Auslandsreisen natürlich in Hülle und Fülle. In den Fünfzigerjahren spricht mich in Kalifornien ein Junge an und will wissen, woher ich komme. „Aus Wien", antworte ich ihm und frage vorsichtshalber auch noch, ob er wisse, wo Wien liege. „Nein", kommt die Antwort. Ich will ihm helfen, damit sein Nicht-wissen nicht sein Selbstbewußtsein belastet: „Aber du hast doch sicher schon einmal von einem Wiener Walzer was gehört?" „Schon, aber ich hab' noch nicht tanzen gelernt." Ich geb's nicht auf: „Nun, du hast aber doch sicher schon einmal von einem Wiener Schnitzel was gehört?" „Gehört hab' ich schon davon, aber ich hab noch nicht dazu getanzt."

Zu Vorträgen wurde ich bis heute von mehr als 200 Universitäten außerhalb Europas eingeladen, nach Amerika, Australien, Asien und Afrika. Nach Amerika allein unternahm ich an die hundert

Vortragsreisen. Vier gingen rings um die Welt, davon eine innerhalb von zwei Wochen. Da ich ostwärts flog, gewann ich einen ganzen Tag, und so kam es, daß ich an 14 Abenden 15 Vorträge halten konnte. An einem Abend sprach ich in Tokio und am nächsten Tag *an einem Abend mit demselben Datum* in Honolulu. Dazwischen lag der Pazifik.

Nur von meinen Büchern her kannte, und verehrte mich die Witwe des Präsidenten Eisenhower. Sie sandte den Hausarzt der Eisenhowers mit dessen Frau nach Wien, um meine Frau und mich zu sich auf ihr Gut in der Nähe von Washington, D.C. einzuladen.

„Um Gottes Willen", fragte sie den Hausarzt, „was soll ich nur besprechen mit den Frankls, ich bin ja so aufgeregt."

„Sie brauchen sich gar nicht so auf die Konversation vorzubereiten", versicherte man ihr.

*Besuch im Hause Eisenhower
auf Einladung seiner Witwe Mamie*

Aber sie ließ es sich nicht nehmen, sich zwecks Vorbereitung auf unseren Besuch von den Sicherheitsbeamten, die sie dort in Gettysburg umgeben, den Film vorführen zu lassen, auf dem ihr letzter Besuch in Wien festgehalten worden war. Sie wollte Stichworte bereit halten wie Belvedere, Riesenrad, Steffel oder dergleichen. Wie man ihr prophezeit hatte, ging es auch ohne die. Eingangs bat sie uns, sie doch mit Mamie anzusprechen. Und rührend war es, wie sie uns nicht nur die Gastgeschenke diverser gekrönter und ungekrönter Häupter demonstrierte, sondern auch die Geschenke, die ihr ihr Mann noch als Kadett und dann als Verlobter gemacht hatte und deren Wert mit der Zeit immer höher wurde, nachdem er mit wenigen Dollars gestartet war. Sei dem wie dem wolle: Einer weniger eingebildeten, aber auch einer natürlicheren und herzlicheren Gesprächspartnerin als dieser First Lady bin ich kaum begegnet und ich kann mir auch kaum eine vorstellen.

Im Zusammenhang mit Vorträgen lernt man natürlich nicht nur Städte, sondern auch Menschen kennen. Als die YPO (Young Presidents Organisation) für eine ganze Woche das Hilton von Rom mietete, um dort ihre sogenannte University abzuhalten, heuerte sie auch drei zugkräftige Gastredner an: den Astronauten Walter Schirra, den Sohn des letzten österreichischen Kaisers Otto Habsburg und den Neurologen Viktor Frankl.

Der typische Amerikaner macht sich ein Bild von der Reputation eines Vortragenden auf Grund des Honorars, das einem angeboten wird – heute lauten die Angebote bis zu 10.000 Dollar. Ich erwähne das, um *meine Einstellung zum Geld* zu besprechen. An sich interessiert es mich herzlich wenig, höchstens insofern, als ich der Ansicht bin, man solle zwar Geld besitzen, aber der wahre Sinn von Geldbesitz liegt darin, daß man es sich leisten kann, an Geld – nicht denken zu müssen ...

Anders in der Kindheit. Kaum hatte meine Schwester Stella von unserem Onkel Erwin ein 10 Heller-Stück empfangen, redete ich ihr ein, ihre Mandeln seien geschwollen, und ich müßte sie operativ entfernen. Ich versteckte eine kleine rote Kugel in der einen Hand und führte mit der anderen eine Schere in ihren Rachen – nach einem entsprechenden Geräusch präsentierte ich ihr die rote Kugel als die eine Mandel und belastete sie mit 10 Hellern Honorar für die Operation. So kam ich zu Geld.

Man sagt ja, Zeit ist Geld. Für mich bedeutet Zeit viel mehr als

Das Ehepaar Frankl auf dem „Amerikaner Ball" im Schloß Schönbrunn (im Hintergrund ganz rechts der „Gastgeber" – Sohn des letzten Kaisers – Dr. Otto von Habsburg)

Geld: Als der Präsident der Cornell University mir für einen kurzen Aufenthalt auf seinem Campus 9000 Dollar anbot und ich abwinkte, fragte er: „Ist das zu wenig?" „Nein", sagte ich, „aber wenn Sie mich fragen, was ich dann für die 9000 Dollar gerne kaufen würde, müßte ich Ihnen antworten: am liebsten Zeit – nämlich Zeit für meine Arbeit. Wenn ich also jetzt Arbeitszeit zur Verfügung *habe*, werde ich sie Ihnen doch gewiß nicht für 9000 Dollar *verkaufen*."

Nun, wenn ich überzeugt bin, daß ein Vortrag wirklich Sinn hat, dann halte ich ihn nötigenfalls auch ohne Honorar. Ja ich bin sogar bereit, auf bereits vereinbarte Honorare zu verzichten, wie im Falle der Studentenschaft von Ottawa, die mangels zugesagter Subventionen in letzter Stunde einen Vortrag von mir absagen wollte. Daraufhin bestand ich darauf, auf eigene Kosten zu kommen.

Die Reichweite meiner Vorträge darf nicht unterschätzt werden. So mußte ich einmal an der Universität Wien einen sogenannten „volkstümlichen", öffentlich zugänglichen Vortrag halten. Als ich zu dem betreffenden Hörsaal kam, stürzten gerade die Leute heraus, denn der Vortrag hatte in einen größeren Hörsaal verlegt werden müssen. Ich folge ihnen dorthin, aber auch der größere Hörsaal, stellt sich heraus, ist zu klein. Daraufhin wandern wir alle in den Festsaal, in dem wir endlich Platz finden. Bereits 1947 hatte ein Vortrag von mir, den ich auf Einladung irgendeines Kultur-

klubs zu halten hatte, und zwar im Wiener Konzerthaus, zweimal wiederholt werden müssen. Mund-zu-Mund-Propaganda hatte da eine Rolle gespielt.

In Nordamerika ist die Popularität von „Man's Search for Meaning" wirklich groß, was darin zum Ausdruck kommt, daß die *Library of Congress* in Washington „Man's Search for Meaning" als „*one of the ten most influential books in America*" deklariert hat.

Porträt, aufgenommen (im Wiener Prater) vom amerikanischen Starfotografen Alfred Eisenstaedt

Natürlich hat auch amerikanische Popularität ihre Grenzen. Einer der berühmtesten amerikanischen Fotografen, Irving Penn, wurde uns einmal ganz groß vom Bundeskanzleramt angekündigt. Er sollte für eine Story über Wien Aufnahmen von Karajan, Wotruba und Frankl mitbringen. Das sind anscheinend die einzigen Wiener, die die Menschen drüben interessieren. Der Mann wird nach Wien eingeflogen, erscheint mit einem Assistenten, macht mehr als 400 Schnappschüsse in meiner Wohnung und zieht hochbefriedigt von dannen. Während der nächsten Monate bin ich ein paarmal in den

Staaten und lasse mir die neuesten Ausgaben des betreffenden Magazins geben – weit und breit keine Story über Wien. Endlich erscheint sie: riesige entfaltbare Fotos von den Lippizanern, und von den Torten bei Demel – aber weit und breit kein Foto vom Karajan, kein Foto von Wotruba und kein Foto von Frankl. Mit der Sachertorte nehmen wir's offensichtlich nicht auf!

Der Enthusiasmus der Lateinamerikaner ist für Europäer unvorstellbar. Als meine Frau und ich in San Juan (Hauptstadt von Puerto Rico) ankamen, durften die anderen Passagiere die Maschine nicht verlassen. Meine Frau und ich waren bereits die Gangway hinuntergelaufen, kamen aber unten nicht weiter. Polizeiliche Sperre. Man ließ uns lange warten. Was war los? Das Fernsehen suchte die Maschine vergeblich nach zwei Passagieren namens Frankl ab, um den für sie veranstalteten Empfang zu filmen. Meine Frau und mich hatte man passieren lassen. Wir sahen nicht prominent genug aus.

An einem anderen Ort in Lateinamerika ließ es sich die First Lady nicht nehmen, an einem Tage alle drei Vorträge von mir zu besuchen – jeder einzelne dauerte zwei Stunden. Und ihr Mann, der Präsident des betreffenden Staates, lud mich zum Frühstück ein, um mit mir die kulturelle Situation seines Landes zu besprechen. Beide hatten meine Bücher gelesen. In Europa erzähle ich solche Geschichten niemandem. Niemand würde sie mir glauben. Um so mehr Spaß macht es mir, sie einmal niederzuschreiben.

Abgesehen von meiner Professur an der Universität Wien wäre zu vermelden, daß ich 1961 an der Harvard University, 1966 an der Southern Methodist University und 1972 an der Duquesne University Visiting Professor war. Der United States International University jedoch war es vorbehalten, 1970 die erste Professur für Logotherapie zu schaffen (und mit mir zu besetzen), und zwar in San Diego (Kalifornien).

Über das Altern

Ich finde gar nichts Arges am Altern. Ich pflege zu sagen, das Altern macht mir nichts aus, solange ich mir einbilden darf, daß ich im gleichen Maße, in dem ich altere, auch noch reife. Und daß ich es tue, geht daraus hervor, daß ich mit einem Manuskript, das ich zwei Wochen vorher abgeschlossen habe, zwei Wochen später nicht mehr zufrieden bin. Es ist kaum absehbar, wie weit Kompensationsprozesse einspringen können.

Dabei fällt mir immer ein, was während einer Kletterei in der Preinerwand passiert ist: Der Himalaya-Expeditionsleiter Naz Gruber führt mich, und wie er so dasitzt, auf einem Felsvorsprung, mich mit dem Seil sichert und nachkommen läßt, meint er auf einmal: „Wissen's, Herr Professor, wann ich Ihna so zuschau beim Klettern, san's ma net bös, aber Sie habn überhaupt ka Kraft mehr

Frankl durchklettert in seinem siebzigsten Lebensjahr die Lutterwand

– aber wia's das wettmachen durch raffinierte Klettertechnik – ich muß schon sagen: von Ihna kann ma klettern lernen." Ich bitte – das sagt ein Himalaya-Begeher, und da soll ich nicht eingebildet werden?

Letzten Endes ist das Altwerden ein Aspekt der Vergänglichkeit menschlichen Daseins, aber diese Vergänglichkeit ist im Grunde ein einziger großer Ansporn zur Verantwortlichkeit – zur *Anerkennung des Verantwortlichseins als Grund- und Wesenszug menschlichen Daseins.* Daher mag es angebracht sein im Zusammenhang mit dieser autobiographischen Skizze die logotherapeutische Maxime zu wiederholen, wie ich sie eines Tages im Traum formulierte, beim Aufwachen stenographierte und in meiner „Ärztlichen Seelsorge" publizierte: *Lebe so, als ob du bereits zum zweiten Mal lebtest und das erste Mal alles so falsch gemacht hättest, wie du im Begriffe bist, es zu tun.* Tatsächlich läßt sich der Sinn für das eigene Verantwortlichsein durch eine solche fiktive autobiographische Sicht auf das eigene Leben steigern.

Audienz beim Papst

Der Erfolg, den die Logotherapie haben mag, ist nichts, wozu ich zu beglückwünschen wäre. Wie ich es zu Papst Paul VI. anläßlich einer Sonderaudienz, zu der mich der Vatikan eingeladen hatte, sagte: „Während die anderen nur das sehen, was ich erreicht und errungen haben mag, oder besser gesagt, was mir geglückt und gelungen ist, kommt mir in einem solchen Augenblick erst so recht zu Bewußtsein, was ich hätte tun müssen und *können*, aber nicht getan habe. Mit einem Wort: was ich der Gnade schuldig geblieben bin, die mir, nachdem ich die Tore von Auschwitz hatte durchschreiten müssen, noch 50 Jahre geschenkt hat."

Über meine Audienz beim Papst möchte ich an dieser Stelle noch ausführlicher berichten. Meine Frau kam mit, und wir beide waren tief beeindruckt. Paul VI. begrüßte uns in deutsch und fuhr in italienisch fort, ein geistlicher Herr übersetzte, der Papst würdigte die Bedeutung der Logotherapie nicht nur für die katholische Kirche, sondern auch für die ganze Menschheit. Aber er würdigte auch mein Verhalten im Konzentrationslager, wobei ich, offen gesagt, gar nicht weiß, worauf sich das konkret bezog.

Als er uns verabschiedete, und wir uns zurückzogen bzw. dem Ausgang zustrebten, begann er plötzlich wieder deutsch zu sprechen und er rief mir nach, mir, dem jüdischen Neurologen aus Wien, wörtlich: „Bitte beten Sie für mich!"
Es war ergreifend, es war erschütternd! Ich kann nur sagen, was ich in diesem Zusammenhang immer wieder sage, daß man dem Mann die Qual der Nächte ansah, in denen er mit seinem Gewissen sich Entscheidungen abringt, von denen er ganz genau weiß, daß sie nicht nur ihn, sondern die ganze katholische Kirche unpopulär machen. Aber er konnte eben nicht anders. Von solchen schlaflosen Nächten war sein Antlitz sichtlich gezeichnet.

Sonderaudienz bei Papst Paul VI

Ich bin mir also der „Unzulänglichkeit meiner Bemühungen", von der eingangs die Rede war, durchaus bewußt. Und damit der Einseitigkeit, die der Logotherapie anhaftet. Solche Einseitigkeit ist jedoch unumgänglich. Kierkegaard war es, der einmal meinte, wer ein Korrektiv zu bieten hat, *müsse* einseitig sein – „tüchtig einseitig". Oder, wie ich es in meinem Schlußreferat als Vizepräsident des Fünften internationalen Kongresses für Psychotherapie 1961 formulierte: „Solange uns eine absolute Wahrheit nicht zugänglich ist, müssen wir uns damit begnügen, daß die relativen Wahrheiten einander korrigieren, und auch den Mut zur Einseitigkeit aufbringen. Im vielstimmigen Orchester der Psychotherapie sind wir zu einer Einseitigkeit, die sich ihrer selbst bewußt bleibt, nicht nur berechtigt, sondern auch verpflichtet."

Einseitig richten sich meine Angriffe nun gegen den Zynismus, den wir den Nihilisten verdanken, und den Nihilismus, den wir den Zynikern verdanken. Es handelt sich um einen Kreislauf zwischen nihilistischer Indoktrination und zynischer Motivation. Und was not tut, um diesen *circulus vitiosus* zu sprengen, ist eines: *die Entlarvung der Entlarver*. Die Entlarvung einer einseitigen Tiefenpsychologie, die sich als „entlarvende Psychologie" versteht und bezeichnet. Sigmund Freud hat uns gelehrt, wie wichtig das Entlarven ist. Aber ich denke, irgendwo muß es auch Halt machen, und zwar dort, wo der „entlarvende Psychologe" mit etwas konfrontiert ist, das sich eben nicht mehr entlarven läßt, aus dem einfachen Grunde, weil es echt ist. Der Psychologe aber, der auch dort noch nicht aufhören kann zu entlarven, entlarvt nur die ihm unbewußte Tendenz, das Echte im Menschen, das Menschliche im Menschen zu entwerten.

Der leidende Mensch

Ich muß es wissen. Denn ich bin durch die Schule des Psychologismus und die Hölle des Nihilismus gegangen. Mag sein, daß wirklich jeder, der ein eigenes System der Psychotherapie entwickelt, letzten Endes nur seine eigene Krankengeschichte schreibt. Es fragt sich nur, ob sie auch repräsentativ ist für die kollektive Neurose seiner Zeit. Dann könnte er nämlich sein Leiden für andere aufopfern, und dann könnte seine Krankheit dazu beitragen, die anderen zu immunisieren.

Aber all dies gilt keineswegs nur für die kollektive Neurose oder auch nur für die Neurose überhaupt; vielmehr gilt es für den leidenden Menschen überhaupt.

Die Präsidentin des Alfred-Adler-Instituts von Tel Aviv erwähnte anläßlich eines öffentlichen Vortrags den Fall eines blutjungen israelischen Soldaten, dem im Jom-Kippur-Krieg beide Beine weggeschossen worden waren. Es war einfach nicht möglich, ihn über seine Depression – er erwog sogar, sich das Leben zu nehmen –

hinwegzubringen. Bis sie ihn eines Tages wie ausgewechselt vorfand, ausgesprochen heiter. „What happened to you?" fragte sie ihn ganz überrascht. Da reichte er ihr lächelnd die hebräische Übersetzung von „Man's Search for Meaning" und sagte: „This book happened to me." Anscheinend gibt es so etwas wie Auto-„Bibliotherapie", und anscheinend eignet sich die Logotherapie dazu in besonderem Maße.

Hie und da *schreibt* mir auch irgendjemand, dem dergleichen „widerfahren" ist. Einer hat seinem Schreiben einmal ein riesiges Zeitungsblatt mit großen Fotos beigelegt. Es handelt sich um Jerry Long, und es war ein Blatt aus der Texarkana Gazette vom 6. April 1980. Jerry Long war 17 Jahre alt, als er in Houston (Texas) einem Sporttaucherunfall zum Opfer fiel. Er blieb an allen vier Extremitäten gelähmt und kann nur mit einem Stäbchen, das er im Munde führt, maschineschreiben und mit der linken Schulter ein Gerät in Gang setzen, mit dessen Hilfe er akustisch und optisch an einem Seminar teilnehmen kann, das in einer Entfernung von ein paar Meilen stattfindet, an einer Universität, an der er studiert, um einmal Psychologe zu werden. Begründung? „I like people and want to help them", schreibt er mir, und den (spontanen) Entschluß, mir überhaupt zu schreiben, begründet er folgendermaßen: „I have read with much interest ‚Man's Search for Meaning'. Though my difficulties seem to be of a far lesser magnitude than those suffered by yourself and your comrades, while reading your book I nevertheless found innumerable similarities between them. Even after four readings, new insight and substance is gained each time. Only the man on the inside knows. What a far greater impact your book has because you lived it ... I have suffered. But I know that without the suffering the growth that I have achieved would have been impossible."

Was da aufleuchtet, ist der katalytische Effekt, der nicht nur vom „Buch als Therapeutikum" ausgeht, sondern auch von der Psychotherapie schlechthin. Und ich werde nicht müde, im Zusammenhang mit der Problematik „Technik und Menschlichkeit" dem Publikum meiner Vorträge und Vorlesungen, hie und da einmal aber auch den Lesern meiner Bücher, die Geschichte von einem Telefonat um 3 Uhr früh aufzutischen: Um diese Zeit weckt mich das Telefon. Es meldet sich eine Frau, um mir zu eröffnen, daß sie sich soeben dazu entschlossen hat, sich das Leben zu nehmen. Nun sei sie gewissermaßen neugierig, was ich dazu zu sagen hätte. Nun, ich breitete vor ihr aus, was immer dagegen sprechen mag, Selbstmord zu begehen, und wir besprachen alle Pros und Contras so lange, bis ich sie so weit hatte, daß sie mir ihr Wort verpfändete, von ihrem Vorhaben Abstand zu nehmen und am nächsten Morgen um 9 Uhr früh zu mir zu kommen.

Pünktlich erschien sie in der Klinik und verriet mir folgendes: „Sie würden sich täuschen, Herr Doktor, wenn Sie annähmen, daß auch nur ein einziges von all den Argumenten, die Sie mir heute nacht vor Augen geführt haben, auch nur die geringste Wirkung auf mich ausgeübt hat. *Wenn* mich etwas beeindruckt hat, dann war es eines: Da reiß' ich den Mann aus seinem Schlaf, und anstatt böse zu werden und mich anzufahren, hört er mich eine geschlagene halbe Stunde lang geduldig an und redet mir zu. Und da dachte ich mir: Wenn es das gibt, dann steht es vielleicht wirklich dafür, dem Leben, dem Weiterleben, noch einmal eine Chance zu geben." In diesem Fall hatte sich also eine menschliche Beziehung etabliert.

Eines Morgens kam ich in die Klinik und begrüßte den bereits wartenden kleinen Kreis amerikanischer Professoren, Psychiater und Studenten, die sich zu Forschungszwecken in Wien aufhielten. „,Who's Who in America' hat ein paar Dutzend Leute ausgewählt und ist an sie mit der Bitte herangetreten, mit einem einzigen Satz zu umschreiben, was das Anliegen ihres Lebens gewesen sei. Mich sind sie ebenfalls angegangen." Allgemeines Händeschütteln. „Was glauben Sie nun, habe ich denen geschrieben?" Allgemeines Nachdenken. Und dann antwortete ein Berkeley-Student wie aus der Pistole geschossen: „Sie haben den Sinn Ihres Lebens darin gesehen, anderen zu helfen, in ihrem Leben einen Sinn zu sehen."

Es stimmte haargenau. Ich hatte das wirklich geschrieben.

Nachbemerkung

1946. Ich mache, begleitet von meinem ärztlichen Mitarbeiterstab, die Visite auf meiner (neurologischen) Abteilung der Wiener Poliklinik.

Ich verlasse gerade das eine Krankenzimmer und strebe dem anderen zu – da nähert sich mir eine junge Krankenschwester und bittet mich im Namen ihres Chefs (von der Kieferchirurgie) um ein sogenanntes Gastbett auf meiner Abteilung – für einen frisch operierten Patienten. Ich sage zu, sie entfernt sich mit einem dankbaren Lächeln, und dann wende ich mich meinem Assistenten zu und frage ihn: „Haben Sie diese Augen gesehen ... ?"

1947 wurde sie meine Frau. Eleonore Katharina, geborene Schwindt.

Frankls Frau Elli 1949

Elli Frankl 1964

Gabriele ist unsere Tochter, Franz Vesely (Professor für Physik an der Universität Wien) unser Schwiegersohn, Katharina und Alexander unsere Enkel.

Frankls Tochter Gabriele mit Ehemann Franz Vesely (1966)

Frankls Enkel Katja und Alexander Vesely, während sie in Toronto ihren Großvater auf dem 9. Weltkongreß für Logotherapie vertreten (1993)

Über Viktor Frankl

Viktor E. Frankl ist Professor für Neurologie und Psychiatrie an der Universität Wien, hatte aber auch Professuren in Amerika inne, und zwar an der Harvard University sowie an Universitäten in Dallas und Pittsburgh. Die U. S. International University in Kalifornien errichtete eigens für ihn eine Professur für Logotherapie – das ist die von Frankl begründete Psychotherapiemethode, auch die „Dritte Wiener Richtung" genannt (nach der Psychoanalyse von Sigmund Freud und der Individualpsychologie von Alfred Adler). Von Universitäten in aller Welt wurden ihm 27 Ehrendoktorate verliehen. Österreich ehrte ihn mit der höchsten Auszeichnung, welche die Republik für wissenschaftliche Leistungen zu vergeben hat und die sich auf je 18 Inländer und Ausländer beschränkt. Die Österreichische Akademie der Wissenschaften wählte ihn zu ihrem Ehrenmitglied.

25 Jahre hindurch war Frankl Vorstand der Wiener neurologischen Poliklinik.

Seine 31 Bücher sind in 24 Sprachen erschienen – einschließlich Japanisch, Chinesisch und Russisch. Allein von seinem amerikanischen Buch „Man's Search for Meaning" sind an die neun Millionen Exemplare verkauft worden. Laut Library of Congress in Washington handelt es sich dabei um „one of the ten most influential books in America" (eines der zehn einflußreichsten Bücher in Amerika). In deutscher Sprache ist das Buch unter dem Titel „... trotzdem Ja zum Leben sagen (Ein Psychologe erlebt das Konzentrationslager)" bei dtv erhältlich.

Von anderen Autoren sind über Frankl und die Logotherapie 131 Bücher, 151 Dissertationen, eine Habilitationsschrift und mehr als 1.300 Aufsätze in wissenschaftlichen Zeitschriften erschienen.

Seine letzte Vorlesung an der Universität Wien hielt er noch im Jahre 1995.

Erläuterungen

1 Oskar Wiener,*4.3.1873 Prag, deportiert 20.4.1944. Lyriker, Erzähler, Feuilletonist und Herausgeber („Alt-Prager Guckkasten").
2 Gustav Meyrink, *19.1.1868 Wien, †4.12.1932 Starnberg. Österreichischer Schriftsteller, Mitarbeiter des Simplicissimus, Verfasser phantastischer Romane in der Nachfolge E.T.A. Hoffmanns und E.A. Poes. Bekanntestes Werk: Der Golem (1915).
3 Raschi, *1040 Troyes, †1105 ebd. Richtig: Salomo ben Isaak, jüdischer Bibel- und Talmudausleger, nach ihm ist die vor allem für Bibel- und Talmudkommentare verwendete Raschid-Schrift, eine Form der hebräischen Quadratschrift, benannt.
4 Maharal. „Ma Ha Ral" war die in der hebräischen Literatur verwendete Abkürzung des offiziellen Titels „Morenu H-rab Rabbenu" für Jehuda Ben Bezazel Löw, des im Volksmund „Hoher Rabbi" genannten Rabbi Löw, und bedeutet etwa: „Unser Lehrer, unser Rabbiner Löw".
5 Joseph Maria von Bärnreither, *12.4.1845 Prag, †19.9.1925 Teplitz. Österreichischer Politiker, hinterließ historisch wertvolle Memoiren.
6 Vedanta, eines der sechs klassischen Systeme der indischen Philosophie, ursprünglich Name für die am Ende des Veda stehenden Upanishaden.
7 Steirischer Herbst in Graz, Kulturfestival mit Ausstellungen etc.
8 Paul Johannes Tillich, *20.8.1886 Starzeddel, Kreis Gruben, †22.10.1965 Chicago. Amerikanischer, protestantischer Theologe deutscher Herkunft, schuf mit seinem Hauptwerk „Systematische Theologie" eine umfassende Synthese von Theologie und Philosophie.
8a Juan Battista Torello, in Wien lebender Psychiater und katholischer Priester.
9 Rax, plateauartiger Gebirgsstock der Nördlichen Kalkalpen, über den die Grenze zwischen der Steiermark und Niederösterreich verläuft.
10 Viktor E. Frankl: Ein Psycholog erlebt das Konzentrationslager. Verlag für Jugend & Volk. 1945 in Wien erschienen, vielfach wiederaufgelegt, in 22 Sprachen übersetzt, alleine von der amerikanischen Ausgabe wurden annähernd 9 Millionen Exemplare verkauft.
11 Wilhelm Ostwald, *2.9.1853 Riga, †4.4.1932 Leipzig, deutscher Naturwissenschaftler und Philosoph.
12 Gustav Theodor Fechner, *1801, †1887 Leipzig, bedeutendster Anreger der experimentellen Psychologie.
13 Sigmund Freud, †6.5.1856 Freiberg (Mähren), †23.9.1939 London, Begründer der Psychoanalyse.
14 Eduard Hitschmann, *28.7.1871 Wien, †31.7.1957 Gloucester, USA. Österreichischer Mediziner und Psychoanalytiker. Mitherausgeber der Internationalen Zeitschrift für Psychoanalyse.
15 Paul Schilder, *15.2.1886 Wien, †7.12.1940 New York. Österreichischer Mediziner und Psychoanalytiker. Verhalf der Psychoanalyse zum Durchbruch in der amerikanischen Psychiatrie.
16 Julius Ritter Wagner von Jauregg, *7.3.1857 Wels, †27.9.1940 Wien. Öster-

reichischer Psychiater, Nobelpreis (1927) für Medizin für Infektionstherapie bei Psychosen.
17 Kurt R. Eissler, *1908 in Wien. Österreichischer Psychologe und Philosoph. Gründer des Sigmund-Freud-Archivs in New York. Bekanntestes Werk: die psychoanalytische Studie „Goethe" (1983).
18 Josef Gerstmann, *17.7.1887 in Lemberg. Bedeutender Wiener Neurologe. Vorstand der Nervenheilanstalt Maria Theresien-Schlössel. In die USA emigriert, beschrieb das Gerstmannsche „Angularis-Syndrom" (Agraphie, Akalkulie und Rechts-Links-Orientierungsstörung).
19 John Ruskin, *8.2.1819 London, †20.1.1900 Brantwood. Schriftsteller, Maler und Sozialphilosoph, trat für soziale und politische Reformen ein.
20 Fritz Künkel, *6.9.1889 Stolzenberg, †4.4.1956 USA. Mediziner und Psychotherapeut, einer der namhaftesten Schüler Alfred Adlers.
21 Rudolf Allers und Oswald Schwarz, bedeutende Individualpsychologen; traten aus dem Verein für Individualpsychologie aus, da sie dort für ihre anthropologische Position keinen Platz mehr fanden.
22 Max Scheler, *22.8.1874 München, †19.5.1928 Frankfurt/Main; deutscher Philosoph. Er begründete eine „materiale Wertethik", entwickelte eine eigene Kultursoziologie und eine moderne philosophische Anthropologie.
23 Erwin Wexberg, *12.2.1889 Wien. Arbeiten zur Psychotherapie und Neurologie. Publikationen über Individualpsychologie („Individualpsychologie: eine systemtische Darstellung").
24 Rudolf Dreikurs, *8.2.1897 Wien, †25.5.1972 Chicago, Ill., österreichischer Pädagoge und Psychologe, Weggefährte Alfred Adlers, einer der bedeutendsten Vertreter der Individualpsychologie, er gründete Adler-Institute in Chicago, Rio de Janeiro und Tel Aviv. Wichtigste Schriften: „Kinder fordern uns heraus" und „Psychologie im Klassenzimmer".
25 Fritz Wittels, *14.11.1880 Wien, †16.10.1950 New York. Neurologe, Psychiater und Psychoanalytiker.
26 Fritz Redlich, *18.1.1866 Brünn, †9.6.1930 Wien. Redlichsches Phänomen, nach Redlich benanntes Pupillenphänomen bei Epilepsie und Hysterie. Veröffentlichungen zu allen Gebieten der Neurologie.
27 Peter Hofstätter, *20.10.1913, †1994. Wiedereinführer experimenteller und empirischer Methoden in die deutsche Psychologie (z.B. das Polaritätenprofil nach Osgood) Anfang der 50er Jahre.
28 William Masters, *1915, und Virginia Johnson, *1925. Amerikanische Sexualwissenschaftler.
29 Gordon W. Allport, *11.11.1897 Montezuma, Ind., †9.10.1967 Cambridge, Mass. Amerikanischer Psychologe, schuf mit seinen Arbeiten zur Persönlichkeitsentwicklung die Grundlagen der Humanistischen Psychologie; bekanntestes Werk: The nature of prejudice (1954).
30 Leopold Szondi, *11.3.1893 Neutra, †1977. Ungarischer Psychologe und Psychotherapeut.
31 Ilse Aichinger, *1.11.1921 Wien. Österreichische Schriftstellerin.
32 August Aichhorn, *27.7.1878 Wien, †13.10.1949 ebd. Österreichischer

Pädagoge und Psychoanalytiker. Begründer der psychoanalytischen Pädagogik, entwickelte diagnostische und therapeutische Methoden zur Resozialisierung verwahrloster Kinder und delinquenter Jugendlicher.

33 Charlotte Bühler, *20.12.1893 Berlin, †3.2.1974 Stuttgart. Deutsche Psychologin. Sie brachte in den 30er Jahren einen Forscherkreis von Kinder- und Jugendpsychologen zusammen, die Wiener Schule, und erstellte Entwicklungs- und Intelligenztests.

34 Wilhelm Reich, *24.3.1897 Dobrzcynica, Galizien, †3.11.1957 Lewisburg, Penn. Österreichischer Psychoanalytiker; er versuchte, die Theorien von Marx und Freud zu verbinden, darüber hinaus biologisch-physiologische Untersuchungen zur Angst und Sexualität; hatte großen Einfluß auf die antiautoritäre Bewegung der 60er Jahre. Wichtige Werke: Die Massenpsychologie des Faschismus (1933), Die sexuelle Revolution (1945), Charakteranalyse (1933).

35 Otto Pötzl, *29.10.1877 Wien, †1.4.1962 ebd. Psychiater und Neurologe, führte als erster im deutschen Sprachraum eine Vorlesung über Psychoanalyse ein.

36 Corrugator-Phänomen. Diagnostisch verwertbares Phänomen bei Schizophrenieverdacht. Erstmalig von Frankl beschrieben in der „Zeitschrift für Neurologie und Psychiatrie" 1935 (Bd. 152), S. 161f., unter dem Titel: „Ein häufiges Phänomen bei der Schizophrenie".

37 Leopold Pawlicki, langjähriger Leiter des Psychiatrischen Krankenhauses Baumgartner Höhe (Steinhof). Sohn: Norbert Pawlicki *4.3.1923 Wien, †15.7.1990 ebd. Pianist und Komponist.

38 Kurt Schuschnigg, *14.12.1897 Riva, Gardasee, †18.11.1977 Mutters bei Innsbruck. Österreichischer Politiker und Jurist, mußte am 11.3.1938 auf Druck der Nazis als Bundeskanzler zurücktreten.

39 Trepanieren, chirurgisch-operative Eröffnung einer Mark- oder Schädelhöhle.

40 Dandy, amerikanischer Hirnchirurg, Mitarbeiter von Cushing, dem Begründer der modernen Hirnchirurgie, veröffentlichte ein Standardwerk zur Hirnchirurgie.

41 Cardiazol-Schock, künstliche Einleitung eines epileptischen Anfalls – seinerzeit von Meduna vorgeschlagener Therapieversuch bei Schizophrenen.

42 Kongreßbericht, Strengholt, Amsterdam 1953.

43 Martin Heidegger, *26.9.1889 Meßkirch, Baden, †26.5.1976 Freiburg. Existenzphilosoph; Hauptwerk: Sein und Zeit (1927); hatte mit seinen Überlegungen zur Sinnfrage großen Einfluß auf Theologie und Psychologie.

44 Ludwig Binswanger, *13.4.1881 Kreuzlingen, †5.2.1966 ebd. Schweizer Psychiater, erweiterte die Psychotherapie um die sogenannte Daseinsanalyse.

45 Karl Jaspers, *23.2.1883 Oldenburg, †26.2.1969 Basel. Wichtigster Vertreter der Existenzphilosophie. Hauptwerke: Allgemeine Psychopathologie (1913); Philosophie (1932).

46 Gabriel Marcel, *7.12.1889 Paris, †8.10.1973 ebd. Französischer Philosoph und Dramatiker.

47 Einem Schreiben von Professor Robert C. Barnes, dem Präsidenten des amerikanischen „Viktor Frankl Institute of Logotherapy" und des 10. Weltkongresses für Logotherapie (Dallas, Texas, 1995), entnehme ich, daß er hat

„done research through the Pentagon in Washington, D. C., in an attempt to locate any survivors of the Army regiment from Texas that liberated you from the camp at Türkheim. If you had been able to be with us, we had hoped to encourage even a small reunion of those men with you at that time. We have been able to locate, and we have in our posession, the uniform worn by the second man through the gate on the memorable day. His widow has provided us with his army uniform. His name was TSgt Barton T. Fuller."

Wäre ich nicht krankheitshalber verhindert gewesen, am Kongreß teilzunehmen, – ich hätte mich hingekniet und die Uniform geküßt.

Logotherapie bei Quintessenz

Viktor E. Frankl

Was nicht in meinen Büchern steht

Lebenserinnerungen

2. durchgesehene Aufl.
1995, 113 S., 54 Abb., geb.
DM 34,– / ÖS 265,– / SFr 34,–
ISBN 3-86128-358-1

Joseph Fabry, Elisabeth Lukas

Auf den Spuren des Logos

Briefwechsel mit Viktor E. Frankl

1995, 180 S., 53 Abb., geb.
DM 48,– / ÖS 375,– / SFr 48,–
ISBN 3-86128-325-5

Viktor E. Frankl

Logotherapie und Existenzanalyse

Texte aus sechs Jahrzehnten
Neue, erweiterte Ausgabe

1994, 384 S., 12 Fotos, geb.
49,80 / ÖS 389,– / SFr 49,80
ISBN 3-86128-213-5

Elisabeth Lukas

Psychotherapie in Würde

Sinnorientierte Lebenshilfe nach Viktor E. Frankl

1994, 212 S., 8 Abb., brosch.
DM 29,80/ ÖS 233,–/
SFr 29,80
ISBN 3-86128-281-X

Elisabeth Lukas

Spannendes Leben

In der Spannung zwischen Sein und Sollen - Ein Logotherapiebuch

1993, 2. durchges. Aufl., 206 S., 43 Abb., brosch.
DM 29,80/ ÖS 233,–/ SFr 29,80
(Quintessenz Studium)
ISBN 3-86128-200-3

Viktor E. Frankl: ausgewählte Arbeiten des weltbekannten Psychiaters aus sechs Jahrzehnten

Dieses Buch des weltberühmten Psychologen V.E. Frankl enthält einen Abriß seiner Lebens- und Werkgeschichte in Form von dreizehn von Frankl selbst ausgesuchten Artikeln und Vorträgen. Diese vermitteln die Einflüsse und Auseinandersetzungen, aus denen heraus er seine Logotherapie entwickelt hat.

Die von Frankl persönlich ausgesuchten Artikel umspannen – beginnend mit einer Arbeit von 1938 – einen Zeitraum von sechs Jahrzehnten. Das Buch enthält sowohl frühe Arbeiten zur Logotherapie und Existenzanalyse, als auch eine Reihe von Vorträgen und Artikeln zur Abgrenzung der Logotherapie von anderen Therapierichtungen wie: Psychoanalyse, Individualpsychologie und Behaviorismus.

Wie sehr psychologische Theorie und lebensgeschichtliche Ereignisse miteinander verknüpft sind, zeigt der Beitrag Frankls über die Psychologie des Konzentrationslagers, den er sowohl aus der Perspektive des Betroffenen als auch aus der des analysierenden Beobachters schreibt. Im Anhang enthält des Buch Frankls politisches Bekenntnis: In seiner bisher unveröffentlichten Rede, die er 1988 auf dem Wiener Rathausplatz vor 35000 Zuschauern gehalten hat, weist er den Gedanken einer Kollektivschuld zurück.

Die Kombination lebensgeschichtlicher Ereignisse, psychologischer Texte und Frankls politisches Bekenntnis in einem Buch zeigt nicht nur Frankls Bedeutung als demjenigen, der die Frage nach dem Sinn in die Psychotherapie eingebracht hat. Es verdeutlicht gleichermaßen, daß Frankl nicht nur bei seinen Patienten die Frage nach dem Sinn und nach persönlicher Verantwortung stellt, sondern daß er selbst politische Verantwortung übernimmt, indem er öffentlich Stellung nimmt.

Viktor E. Frankl

Logotherapie und Existenzanalyse
Texte aus sechs Jahrzehnten

Neue, erweiterte Ausgabe

1994, 348 S., 12 Fotos, geb.
ISBN 3-86128-213-5

Quintessenz

Aus der Geschichte der Logotherapie: Briefwechsel mit Viktor E. Frankl

Viktor E. Frankl zählt zu den weltbekannten Gründerpersönlichkeiten psychotherapeutischer Richtungen, die Theorie und Praxis der Seelenheilkunde des 20. Jahrhunderts maßgeblich beeinflußt haben. Ursprünglich ein Freud- und Adlerschüler, wurde er zum Begründer der Logotherapie und Existenzanalyse. Für sein Werk wurde er bisher mit 27 Ehrendoktoraten ausgezeichnet.

Im März 1995 feiert Viktor E. Frankl seinen 90. Geburtstag. Dies nimmt seine „Meisterschülerin" Elisabeth Lukas zum Anlaß, anhand ihres umfangreichen Briefwechsels mit ihm sowie zahlreicher Photos ein historisches Dokument über die Pionierzeit der Logotherapie zu erstellen. Sie hat Viktor E. Frankl 1968 kennengelernt und steht seither in ununterbrochenem freundschaftlichen Kontakt mit ihm. Beide haben jahrzehntelang schriftlich ihre Gedanken, Hoffnungen und Erfahrungen ausgetauscht, wovon eine Auswahl der interessantesten in diesem Buch abgedruckt ist.

Zur Ergänzung der Übersicht über die Entwicklung und Verbreitung der logotherapeutischen Lehre hat Elisabeth Lukas einen alten Freund Viktor E. Frankls, den Deutsch-Amerikaner Joseph Fabry, hinzugezogen. Er schildert – ebenfalls anhand von Briefen mit Viktor E. Frankl – die Pionierzeit der Logotherapie in Nordamerika nach 1963. Ein Prolog mit freundlicherweise von Eleonore Frankl zur Verfügung gestellten Daten aus der noch früheren „logotherapeutischen Zeitgeschichte" rundet das Gesamtbild ab.

Trotzdem erhebt das Buch bei allem Bemühen um Wahrheitstreue keinerlei Vollständigkeitsanspruch. Die Intention der Autoren war es vielmehr, ein Porträt des Genius Viktor E. Frankl zu skizzieren und der Nachwelt zu hinterlassen. Um eine Impression *seiner* Persönlichkeit und Menschlichkeit wiederzugeben, haben es die Autoren auf sich genommen, ein Stück *ihrer selbst* preiszugeben.

Joseph Fabry, Elisabeth Lukas

Auf den Spuren des Logos

Briefwechsel mit Viktor E. Frankl

1995, 179 S., 53 Abb., geb.
ISBN 3-86128-325-5

Quintessenz

Was macht unser Leben spannend?

Zum Buch

Die Autorin ist Schülerin von Viktor E. Frankl, dem weltbekannten Wiener Psychiater und Neurologen, dessen faszinierender psychotherapeutischer Ansatz unter dem Begriff *Logotherapie* (d.h. sinnzentrierte Psychotherapie) die internationale Fach- und Laienwelt seit Jahrzehnten aufhorchen läßt.

Aufbauend auf den Thesen von Frankl beschreibt dieses Buch, daß es keine Hindernisse im Leben gibt, die das Leben wirklich sinnentleeren könnten.

Im Gegenteil: alle Hindernisse, ob seelische Krankheit oder Körperbehinderung, ob Schmerz oder Schuld, ob Tragödien in der eigenen Vergangenheit oder aktuelle Kriege, sind im Grunde spannungsgeladene und spannungserzeugende Elemente, die uns heilsam nahelegen, diese Spannung in einem besseren Menschsein wieder aufzulösen.

Mensch-Sein heißt In-der-Spannung-Stehen zwischen Sein und Sollen, unaufhebbar und unabdingbar! (Viktor E. Frankl). In der Einleitung schreibt die Autorin dazu: „Das vorliegende Buch wurde unter diesem Motto geschrieben. Es will zeigen, daß wir trotz einem Überschuß des Habens an einem Defizit des Seins leiden: unser Sein ist vielfach armselig. Es inhaltlich anzureichern ist nur in der Beziehung zu einem Sollen möglich, wobei das jeweils Gesollte dem jeweils Sinnvollsten gleichkommt, auf das hin sich unser Sein entwickelt. Weder das Sein noch das Sollen stammt von Menschenhand. Doch steht es in des Menschen Hand, sein Sein verkümmern zu lassen, indem er das Sollen ignoriert, oder sein Sein zur vollen Entfaltung zu bringen, indem er sich dem Sollen zuneigt und sich darauf zubewegt. Einzig in einer beständigen Zuneigung zum Sinn gelingt uns, wonach wir uns seit Urgedenken sehnen: ein spannendes Leben."

Elisabeth Lukas

Spannendes Leben

In der Spannung zwischen Sein und Sollen – ein Logotherapiebuch

2., durchgesehene Auflage
1993, 205 Seiten, mit 43 Fotos/Abb.
broschiert
(Quintessenz Studium)
ISBN 3-86128-200-3

Quintessenz

... wieder Ja zum Leben sagen

Elisabeth Lukas
Psychotherapie in Würde

Sinnorientierte Lebenshilfe nach Viktor E. Frankl

Quintessenz

„Binde deinen Karren an einen Stern!" Dieses Wort von Leonardo da Vinci enthält eine Symbolik, die zur sinnorientierten Lebenshilfe nach Viktor E. Frankl in besonderem Maße paßt. Denn diese Psychotherapierichtung – allgemein als Logotherapie bekannt – versteht sich nicht als eine Hilfe, den im Schlamm seelischer Fehlentwicklungen steckengebliebenen „Lebenskarren" eines Menschen aus dem Morast zu ziehen. Sie wühlt nicht im Schutt vergangener Tage, zwischen dem sich die Räder seines Gefährts verklemmt haben mögen. Ihr Anliegen entspricht eher einer Ausrichtung seines „Lebenskarrens" auf jenen Sinn- und Wertehorizont hin, der ihn durch Schutt und Morast noch heil durchzutragen vermag.

Ohne Anbindung an sinnstiftende Kraftquellen und zutiefst erfüllende Weltbezüge würde nämlich selbst der wieder flott gemachte „Lebenskarren" allzuleicht in den nächsten Sumpf einlaufen. Das Freisein der Räder bedeutet nicht zwingend, daß sie sich in die richtige Richtung bewegen. Psychotherapie, will sie der Würde des Menschen entsprechen, muß das Suchen und Sehnen des Menschen ernst nehmen, der wissen will, wohin und wozu sein Wagen rollt, welchen Hoffnungen entgegen. Freilich, Psychotherapie – auch Logotherapie – kann keine Orientierung vorgeben, sie kann keine Sterne erzeugen. Aber sie kann, wie in diesem Buch an vielen praktischen Beispielen gezeigt wird, mithelfen, an diejenigen Sterne anzubinden, die uns leuchten.

Es macht den eigenartigen Reiz und das Ansprechende dieses Logotherapiebuches aus, daß es die wissenschaftlichen Grundlagen und Gesprächstechniken einer modernen Psychotherapieform mit uralten Menschheitserkenntnissen in holistischer Weise verbindend u.a. mit der Direktheit und Intensität literarisch-dichterischer Bilder vermittelt, was es dem Leser ermöglicht, die Wirkung bester „Bibliotherapie" an sich selbst zu erfahren.

Elisabeth Lukas

Psychotherapie in Würde

Sinnorientierte Lebenshilfe nach
Viktor E. Frankl

1994, 211 S., 2 Abb., brosch.
(Quintessenz Sachbuch)
ISBN 3-86128-281-X

Quintessenz